Kay Walter

111 Orte in Brügge, die man gesehen haben muss

111

emons:

Bibliografische Information der Deutschen Nationalbibliothek
Die Deutsche Nationalbibliothek verzeichnet diese Publikation in der Deutschen Nationalbibliografie; detaillierte bibliografische Daten sind im Internet über http://dnb.d-nb.de abrufbar.

MIX
Papier | Fördert gute Waldnutzung
FSC® C083411

Layout: Eva Kraskes, nach einem Konzept von Lübbeke | Naumann | Thoben
Kartografie: altancicek.design, www.altancicek.de
Kartenbasisinformationen aus Openstreetmap,
© OpenStreetMap-Mitwirkende, ODbL
Druck und Bindung: CPI – Clausen & Bosse, Leck
Printed in Germany 2023
ISBN 978-3-7408-1712-1

Vorwort

Brügge hat ein Herz aus Schokolade und vier Brauereien, ist Heimat einer schielenden Madonna, einer von Michelangelo, und von Memlings Ursula-Schrein. An Himmelfahrt wird eine Phiole mit Christi Blut durch die Straßen getragen, und *Godshuizen* heißen hier karitative Stiftungen für die Armen. Die *Reien*, malerische Kanäle, durchziehen die Stadt und werden von zahllosen Brücken überspannt, wobei die vorgeblich älteste Brücke tatsächlich die jüngste ist.

Brügge, das »Venedig des Nordens«, hat wie die Lagunenstadt die Geschichte des mittelalterlichen Europas entscheidend geprägt, zählte zu den reichsten und mächtigsten Städten der Welt, willens und in der Lage, selbst dem Kaiser des Heiligen Römischen Reichs Deutscher Nation die Stirn zu bieten. Im Haus »Ter Beurze« wurde die Wirtschaft revolutioniert, die Poortersloge wie die Handelskontore der Spanier, Genuesen, der Hanse und der Medicis strahlen bis heute Macht und Reichtum aus. Kein Krieg, kein Feuer richtete wesentlichen Schaden an, und so blieb der Charme der mittelalterlichen Metropole erhalten. Ende des 15. Jahrhunderts versandete der Meereszugang Zwin, zerstörte die wirtschaftliche Basis der Stadt, versetzte sie für 400 Jahre in einen Dornröschenschlaf und erhielt so ihr Aussehen. Das Haus Bouchoute zeigt noch immer Windrichtung an, und der Klang der 47 Glocken des Carillons im Belfried schwebt über den Dächern. Kein Wunder, dass die UNESCO die Altstadt im Jahr 2000 zum Weltkulturerbe erklärte.

Nur 15 Kilometer vom Meer entfernt, hat Brügge mit dem Ortsteil Zeebrugge einen eigenen Tiefseehafen und endlose Strände mit der längsten Tram der Welt und geschichtsträchtigen Badeorten. Im Umland entdeckt man Heilige und Teufelsfratzen und vieles mehr.

Eine Entdeckungsreise durch die alte Stadt, in der man in Kirchen schaukeln kann und Kneipen mit Gewölben aufwarten, die selbst romanische Kirchen vor Neid erblassen ließen – und das genau 111 Mal.

111 Orte

1 Die Arbeitersiedlungen

Wevershof und Kattepoortje

Sie sind die letzten ihrer Art in Brügge, die beiden Arbeitersiedlungen aus dem 19. Jahrhundert, und nicht ganz leicht zu finden – genauer: Man ist ziemlich schnell vorbeigelaufen, ohne ihre Zugänge bemerkt zu haben. Unter dem Torbogen der Backsteinbrücke in der Zonnekemeers 16 liegt der Eingang in den Wevershof. Wer den Bogen für malerisch alt erklärt, täuscht sich gewaltig: Es handelt sich um den verbliebenen Rest einer Hochstraße, die 1936 über das bitterarme Malocherquartier gezogen und erst im Jahr 1992 wieder abgerissen wurde.

Derartige Anlagen wurden früher im Flämischen als *beluik* bezeichnet, abgeschottete und zudem von außen abschließbare Wohnsiedlungen, in denen nicht nur die hygienischen Zustände erbärmlich waren. Bis zur Renovierung der Siedlung auf dem Gelände einer vormaligen Genever-Brennerei, später eine Kartoffelmehlfabrik, war auch der Wevershof ein innerstädtisches Areal, auf dem die Ärmsten der Armen zusammengepfercht lebten. Rund 30 solcher *beluiken* gab es in Brügge. Wer ohne Vorwissen den 1992 zu schmucken Einfamilienhäusern umgebauten Wevershof mit begrüntem Innenhof betrachtet, mag sich das frühere Elend kaum vorstellen.

Hinter einem noch wesentlich schmaleren Torbogen verbirgt sich in der Oude Gentstraat 143b eine weitere ehemalige Arbeitersiedlung: 't Kattepoortje. Der Name »Katzenklappe« trifft es genau. Unter einer Figur des heiligen Rochus hinter Glas führt lediglich eine enge Tür in den Hof. Auch das Kattepoortje wurde als Wohnstätte für Menschen errichtet, die in die Stadt zogen, um der Landarmut zu entfliehen. In den engen Zwei-Zimmer-Wohnungen mit Plumpsklo im Hof waren Hygiene und Privatsphäre unbekannt. Aber auch hier gilt heute nach umfangreichen Renovierungs- und Bauarbeiten: Schöner kann man in einer Stadt kaum wohnen, mittendrin im urbanen Treiben und zugleich intim und abgeschieden.

Adresse Wevershof: Zonnekemeers 16; 't Kattepoortje: Oude Gentstraat 143b, 8000 Brügge | **ÖPNV** Wevershof: alle Linien, Haltestelle 't Zand; 't Kattepoortje: Bus 1, 11, 12, 91, Haltestelle Gentpoort | **Öffnungszeiten** jederzeit zugänglich (bitte Rücksicht auf die Privatspäre der Bewohner nehmen) | **Tipp** Wer das »echte« Brügge erleben möchte, sollte durch die kleinen Gassen zwischen Oost- und Westmeers schlendern.

2 Der Armbrustschießstand

Gelebte Historie

Im Jahr 1302 schlugen flämische Bürgermilizen in der Goldene-Sporen-Schlacht bei Kortrijk die französische Armee von Philipp dem Schönen vernichtend. Diese Schlacht ging dem Hundertjährigen Krieg voraus, in dem Frankreich unter anderem die Herrschaft über die Tuchindustrie Flanderns anstrebte. Eine feste Größe in den Kämpfen war die Sint-Jorisgilde, die Armbrustschützen des heiligen Georg aus Brügge. Und dort, in der reichen Kaufmannsstadt, nahm der Konflikt auch seinen Anfang. Am 18. Mai 1302 erschlugen die *Klauwaerts* (benannt nach den Krallen des flämischen Löwen) rund 1.000 *Leliaerts*, die Anhänger der königlichen französischen Lilie, im Namen der bürgerlichen Freiheit. Opfer wurden schlicht all jene, die die flämische Parole *»schild en vriend«* nicht richtig aussprechen konnten.

Die Armbrustschützengilde, vor über 700 Jahren gegründet, besteht bis heute, mit einer erwartbar facettenreichen Geschichte. So gab es zum Beispiel zeitweise auch weibliche Schützen, wie man den ersten Mitgliederlisten der Jahre 1321 bis 1531 entnehmen kann. Aber während die bürgerlich-revolutionäre Vereinigung im Lauf der Jahrhunderte an Macht gewann, wurde sie konservativer, und schießende Frauen waren nicht mehr erwünscht.

Heute heißt die Gilde offiziell »Koninklijke & Prinselijke Hoofdgilde Sint-Joris Stalen Boog Brugge«. Vor 700 Jahren hätten sie diesen Titel bekämpft. In der Armbrustschützengilde waren bis zur zwischenzeitlichen Auflösung im Jahr 1794 die einflussreichen Bürger organisiert.

Sie verfügt über ein schönes Gartengelände mit Eidessaal und Schießständen, einer davon im Freien mit einer langen, hohen Eisenstange als Ziel. Das jährliche *Sire*-Schießen auf den *papagai* ist das Großereignis der Gilde. Vom 1. Mai bis zum 30. September finden dienstags und freitags um 18 Uhr Schießübungen statt. Für Besucher gibt es nach Vereinbarung geführte Touren inklusive der Möglichkeit, sich selbst als Armbrustschütze zu versuchen.

Adresse Stijn Streuvelsstraat 59, 8000 Brügge, Tel. +32 (0)50/335408, www.st-jorisbrugge.be | **ÖPNV** Bus 6, 16, Haltestelle Brugge Kruispoort | **Öffnungszeiten** nur nach vorheriger Vereinbarung über www.visitbrugesconventionbureau.be | **Tipp** Direkt um die Ecke betreibt die »Koninklijke Hoofdgilde Sint-Sebastiaan« ihren Armbrustschießstand in einem pittoresken, burgähnlichen Backsteingebäude. Einen Besuchstermin kann man per E-Mail vereinbaren (info@sebastiaansgilde.be).

3 Der Atlantikwall

Relikte aus dunkelster Zeit mitten in den Dünen

Die 67 Kilometer der belgischen Küste gehörten zu den bei Weitem am stärksten befestigten Teilabschnitten des sogenannten Atlantikwalls, der im Zweiten Weltkrieg von den deutschen Besatzern von Norwegen bis zur Biskaya geplant und teilweise auch erbaut wurde. Heute ist davon nicht mehr viel zu sehen, die meisten der in den Dünen versteckten Bunkerstellungen wurden unter großem Aufwand beseitigt. Schließlich sollte der Tourismus nicht beeinträchtigt werden durch Überreste deutschen Größenwahns. Nur im Hinterland finden sich Relikte, in der Regel auf Terrain, das weiter militärisch genutzt wurde. Auch Stellungen aus dem Ersten Weltkrieg sind kaum noch auszumachen. Eine Ausnahme bildet die Provinzdomäne »Atlantikwall Raversyde« bei Oostende.

Knapp 60 Bunker kann man in einem weitläufigen Naturgebiet besichtigen. Die »Batterie Aachen« ist eine 1915 errichtete Geschütz- und Bunkeranlage aus dem Ersten Weltkrieg, mit offenen Schützengräben, Baracken, Schmalspurbahn zur Munitionsversorgung und unterschiedlichen ummantelten Kanonen. Aus dem Zweiten Weltkrieg stammt die »Batterie Saltzwedel«, auch sie weitestgehend im Originalzustand. Neben vier Geschützstellungen mit Flaks sind Scheinwerfer und das Funkmessgerät »Würzburger-Riese« sowie unterirdische Lauf- und Schützengräben weitestgehend erhalten. Ein einzigartiger Komplex in der hügeligen Dünenlandschaft. Besucher können sich neben den militärischen Bauten auch die in den Sand eingegrabenen Arbeits-, Sanitär- und Schlafräume von Soldaten und Offizieren anschauen. Ausgewählte Exponate, wie eine Verschlüsselungsmaschine, vervollständigen die anschaulich gestaltete Ausstellung. Schaut man von einem der Bunker über den Strand und in die grenzenlose Weite der Nordsee, wird einem der Wahnsinn bewusst, der zu derartigen »Verteidigungsanlagen« geführt hat. Im »Groen Geruite Huis« (grün kariertes Haus) wird zudem altes Filmmaterial vorgeführt.

Adresse Nieuwpoortsesteenweg 636, 8400 Oostende, Tel. +32 (0)59/702285, www.raversyde.be | ÖPNV Kusttram De Panne – Knokke, Haltestelle Domein Raversijde; Bus 68, 69, Haltestelle Domein Raversijde | Öffnungszeiten 11. März – 12. Nov. Di – Fr 10.30 – 17 Uhr, Sa, So 10.30 – 18 Uhr, Mo Ruhetag | Tipp In Ramskapelle bei Knokke widmet sich das For Freedom Museum ebenfalls dem Zweiten Weltkrieg. Hier erfährt man Wissenswertes über die Schlacht an der Scheldemündung und die Befreiung Westflanderns von den deutschen Besatzern (www.forfreedommuseum.be).

4 Der Bahnhof

Die gesamte Küste per Tram

Einmal Knokke bis De Panne von Hauptbahnhof zu Hauptbahnhof, von der niederländischen an die französische Grenze auf der längsten Straßenbahnstrecke der Welt: 67 Kilometer, das heißt, man kann die gesamte belgische Küste per Tram entlangfahren. Zweieinhalb Stunden benötigt die Linie 0, die »Kusttram«, für die Distanz. Das Tollste: Die Bahn mit einer Spurbreite von einem Meter macht ihrem Namen alle Ehre, denn sie führt oft mitten durch die Dünen, zwischen Oostende und Middelkerke auch direkt am Meer entlang und in Zeebrugge durch den Hafen. Ein Erlebnis und ein großer Spaß. Schon so mancher Fahrgast hat ob der Aussicht gedankenverloren den geplanten Ausstieg verträumt.

Die am 5. Juli 1885 in Dienst gestellte Straßenbahn war von Anfang an das bevorzugte Fortbewegungsmittel an der Küste, auch wenn sie bis weit in die 1970er Jahre nur einmal stündlich pro Richtung verkehrte. Damals noch mit zwei getrennten Linien, der 1 und der 2. Heute kann man während der Sommermonate alle zehn Minuten einsteigen, und das quasi überall. So bietet es sich an, einfach mal ein bisschen mitzufahren. Auf 67 Kilometern gibt es 68 Haltestellen, die nächste kann also nie weit entfernt sein. Sind die Waggons nicht zu voll, dürfen Fahrräder mitgenommen werden.

Den schönsten Bahnhof auf der gesamten Strecke kann man in De Haan/Le Coq-sur-Mer bewundern. Er nennt sich stolz »Aan Zee«. Das denkmalgeschützte Belle-Époque-Gebäude im anglo-normannischen Fachwerkstil beherbergt heute die Tourist-Information. Die »Kusttram« war ein wesentlicher Faktor beim Aufstieg des einstigen Fischerdorfes zum mondänen Seebad. Wenige Jahre nach deren Inbetriebnahme entstanden die ersten Hotels wie das »Belle-Vue« und das »Grand Hotel du Coq«, in dem einst Stefan Zweig mit Albert Einstein Kaffee trank und sich heute das Rathaus befindet, und das Villenviertel Concessie. De Haan ist der bei Weitem schönste belgische Küstenort.

Adresse Tourist-Information: Tramlijn-Oost 1, 8420 De Haan, www.visitdehaan.be | **ÖPNV** alle Informationen (Tickets, Haltestellen, Fahrpläne usw.) zur »Kusttram« (Linie 0) erhält man auf der Website www.dekusttram.be | **Tipp** In Wenduine, einer Teilgemeinde, erhebt sich mit stolzen 31 Metern die zweithöchste Düne an der belgischen Küste. Darauf steht ein kleiner Pavillon mit rotem Dach: Der »Spioenkop« ist ein schöner Aussichtspunkt.

5 Die Bären

Ein Laden nur für Teddys

Mitten im Zentrum der Stadt, zwischen Onze-Lieve-Vrouwekerk, Gruuthuse- und Groeninge-Museum, liegt der Arentshof mit der Skulptur »Die vier apokalyptischen Reiter« des belgischen Künstlers Rik Poot. Verlässt man den kleinen Park durch den Hintereingang und tritt auf die Straße Groeninge, fällt sogleich ein hübsches altes Eckhaus mit rot-weißer Fassade ins Auge, in dem sich ein ganz besonderes Geschäft befindet. Wenn man es denn bemerkt. So mancher rennt hier eilig vorbei auf dem Weg zu den berühmten Sehenswürdigkeiten der Stadt wie der wirklich sehr, sehr malerischen Bonifaciusbrug.

»The Bear Necessities« heißt der Laden, ein Wortspiel aus Walt Disneys Zeichentrickadaption von Rudyard Kiplings »Dschungelbuch«. Im Film singt Balu der Bär den bekannten Jazz-Titel, der sich sowohl mit »Die schiere Notwendigkeit« übersetzen lässt als auch mit »Alles, was ein Bär braucht«.

Das Geschäft von Maria und Frank Devlieghere bietet alles, was sich Liebhaber von Teddybären selbst in ihren kühnsten Träumen kaum vorzustellen vermögen. Im Eingang steht ein lieber Braunbär von knapp 1,30 Meter Höhe. Im Laden selbst findet sich eher wenig Platz zum Stehen, es herrscht drangvolle Enge, denn alles ist voll mit Stofftieren der Gattung *Ursus stringersi*. Egal, welcher Art, Form und Größe, hier sind sie alle vertreten. Mancher Besucher würde am liebsten für immer bleiben. Zum Angebot gehören natürlich bekannte Marken wie »Steiff«, aber besondere Aufmerksamkeit verdienen vor allem die von Maria selbst gefertigten Exemplare. Maria repariert auch in die Jahre gekommene oder ramponiert-geliebte Stoffbären. Ein letztes Wort zu Frank: So großartig die Bären auch immer sind, nicht wenige Kunden kommen allein seinetwegen. Er weiß so ziemlich alles über Brügge und lässt Besucher gerne an seinem Wissen teilhaben. Mit seinen Geschichten ist er die Seele des Ladens.

Adresse Groeninge 23, 8000 Brügge, Tel. +32 (0)50/341027, www.thebearnecessities.be | **ÖPNV** Bus 1, 4, 6, 11, 12, 14, 16, Haltestelle O.L.V. Kerk | **Öffnungszeiten** Di–So 10–17 Uhr | **Tipp** Fans von Harry Potter, Slytherin und Gryffindor stolpern in der Wijngardstraat 12 in den Zauberladen »Olleke« und in der Philipstockstraat 2 in den »Wizard Store«: Alles für Zauberlehrlinge von Butterbier bis zum Dumbledore-Kissen.

6 Das Bauhaus

Ein Gesamtkonzept für junge Leute

Der Name »Bauhaus« täuscht ebenso wie der erste Blick in die urige Bar, die mit Tropfkerzen und alten Ledersofas sehr an Studentenkneipen der 1970er Jahre erinnert. Der Name bezieht sich nicht auf die 1919 von Walter Gropius in Weimar gegründete Architekten- und Kunstschule der klassischen Moderne, auch wenn der Schriftzug über der Eingangstür etwas anderes suggeriert, vielmehr ist mit der Bezeichnung ein Gesamtkonzept gemeint, das sich vornehmlich an junge, unternehmungslustige und feierfreudige Menschen richtet. Zur Bar gehört das nebenan gelegene Hostel »St. Christopher's«, das für wenig Geld vor allem Gäste aus der Backpacker-Szene in Schlafsälen mit Etagenbetten, aber mit gutem Internet beherbergt. Außerdem gibt es einen Fahrradverleih, der mit seinen grünen Fietsen auch geführte Touren im Programm hat.

Das »Bauhaus« bietet seinen Gästen sozusagen ein Rundumsorglos-Paket an. So bekommt man hier warme Speisen durchgängig bis tief in die Nacht. Schlichte, handfeste Küche, die satt macht, und das zu günstigen Preisen, sodass man auch noch das ein oder andere Bier nachkippen kann. Die Bar bezeichnet sich selbst voller Stolz als Bierkneipe und rühmt sich, mindestens 50 der 500 in Belgien gebrauten Biere auf Tisch oder Tresen stellen zu können, von Pils über Geuze bis zu Trappisten- und Fruchtbieren.

Die Karte weist glutenfreies und auch *fair trade beer* auf und sogar alkoholfreies Bier, für belgische Verhältnisse ein echtes Zugeständnis an den Geschmack der internationalen Klientel. Die regelmäßige Happy Hour – durchaus mehrmals am Tag – kurbelt den Konsum ebenso an wie das ausgesuchte Musikprogramm. Der Service ist freundlich, die Stimmung relaxed, man kommt schnell ins Gespräch. Der ideale Ort also, um einen schönen Abend mit netten Leuten zu verbringen, denen ein Vier-Sterne-Hotel zu teuer und zu snobby ist. Und der kann hier auch lang werden, die Bauhaus-Bar schließt erst um zwei Uhr nachts.

Adresse Langestraat 133–137, 8000 Brügge, Tel. +32 (0)50/341093, www.bauhaus.be | **ÖPNV** Bus 6, 16, Haltestelle Kruispoort | **Öffnungszeiten** Mi, Fr, Sa 10–2 Uhr, Mo, Di, Do, So 10–1 Uhr | **Tipp** Die Langestraat ist eine Ausgehmeile. Neben vielen Fast-Food-Lokalen gibt es auch Henk van Oudenhoves Restaurant »Sans Cravate« (ein Michelin-Stern) sowie nicht weit entfernt seine Gastrobar nahe der Kruispoort.

7 Der Beginenhof

Seit 800 Jahren Stille

Ein Ort der Ruhe, mitten in der Stadt: der Beginenhof »Ten Wijngaerde«, der seit 1998 zum UNESCO-Weltkulturerbe zählt. Auf dem in sich geschlossenen Areal, ummauert und von Wasser umgeben, gruppieren sich etwa 30 weiß getünchte Wohnhäuser und eine Kirche um eine baumbestandene Blumenwiese. Zauberhaft – ganz gleich, zu welcher Jahreszeit. Zum Hof gehört das gesamte Areal bis zum Sashuis, dem Schleusenhaus.

»Beginen« wurden im Mittelalter fromme Frauen genannt, die sich zu Laien-Schwesternschaften zusammenschlossen, um ein asketisches, selbstbestimmtes Leben zu führen. Eine Begine legte anders als eine Nonne kein dauerhaft bindendes Gelübde ab, sondern konnte die Gemeinschaft jederzeit verlassen, sei es, um an einen anderen Ort zu gehen, sei es, um zu heiraten. Woher der Begriff »Begine« stammt, ist unklar. Er könnte eine Ableitung vom Namen der heiligen Begga sein oder von »Albigenser«, also Ketzer, weil der offiziellen Kirche das zwar fromme, aber doch weltoffene Leben der Schwestern nicht immer geheuer war. Vielleicht leitet er sich auch von der beigen Farbe ihrer Kutten ab. In jedem Fall übernahmen im Lauf der Zeit auch die frommen Frauen selbst den Namen.

Der Brügger Hof wurde 1245 unter den Schutz von Margarete von Konstantinopel, Gräfin von Flandern, gestellt. Er hatte seinerzeit das doppelte Ausmaß des heutigen Gebiets und unterstand auch nicht der Gerichtsbarkeit der Stadt. Während die Reformation für die meisten niederländischen Klöster das Ende bedeutete, erlebten die flämischen eine zweite Blüte, allerdings unter geänderten sozialen wie religiösen Vorzeichen. Nun traten vor allem großbürgerliche und adlige junge Frauen bei, der Fokus verschob sich von *labora* in der Krankenpflege und auf dem Feld zu *ora,* beten und singen. Sehr lange hielt sich diese Tradition nicht, 1930 verstarb die letzte Brügger Begine. Seit 1962 leben Benediktinerinnen in dem Kloster.

Adresse Begijnhof, 8000 Brügge, Tel. +32 (0)50/330011 | **ÖPNV** Bus alle Linien, Haltestelle 't Zand | **Öffnungszeiten** Mo–So 6.30–18.30 Uhr | **Tipp** Die malerische Minnewaterbrug führt in den gleichnamigen Park. *Minnewater* leitet sich übrigens weder vom mittelhochdeutschen *minne* für Liebe ab noch vom Namen Minna, wie es eine Legende erzählt, sondern von *meene* für Gemeinde.

8 Die Bierwand

Belgiens Kulturgut, auf Flaschen gezogen

In Belgien ist Bier Kulturgut. Das hat 2016 auch die UNESCO endlich eingesehen und belgisches Bier zum immateriellen Weltkulturerbe erklärt. Es gibt so viele Sorten von Bier wie nirgends sonst auf der Welt, nicht nur untergärige Pilsener und Weizenbiere. Die Spezialitäten, mal ganz abgesehen von »Gueuze«, »Lambic« und rotem »Faro« für Kenner und Freunde der Spontangärung, sind die obergärigen Biere »Blonde«, »Amber« bis »Brune«, die doppelt, drei- und vierfach vergorenen Sorten mit reichlich Alkohol und nicht zuletzt die Abtei- und Trappistenbiere. Es gibt für jede Gelegenheit, jeden Geschmack und auch jeden Gemütszustand das passende Bier, so sagt man. Aber eine Wand aus Bier, die ist selbst in Belgien einzigartig. Wer aber in den Shop oder zur Terrasse des »2be« mit der besten Aussicht auf Dijver und Rozenhoedkaai will, der passiert genau das: eine zwölf Meter lange und etwa 2,5 Meter hohe Wand, an der hinter Glas knapp 2.000 verschiedene, selbstverständlich volle Bierflaschen samt der zugehörigen, ebenfalls sehr spezifischen und eigenwillig geformten Gläser ausgestellt sind.

Und das an diesem Ort. Im schönen »Huis Perez de Malvenda« mit dem achteckigen Glockenturm, im 15. Jahrhundert für den spanischen Konsul im spätgotischen Stil errichtet, wurde lange die Heilig-Blut-Phiole aufbewahrt, eine der kostbarsten Reliquien des Christentums. Nun ist es also Hort einer Bierwand. Andernorts würde man das für Blasphemie halten, doch im durchaus katholischen Belgien sieht man das weniger eng. Haus, Terrasse und Bierwand sind je für sich den Besuch wert.

Zum besonderen Humor der Belgier gehört es, zwar Bier per Meter anzubieten, selbst aber selten mehr als ein bis drei der besonderen – und eben auch besonders starken – Biere zum Genuss zu trinken. Alles, was darüber hinausgeht, ist den Touristen vorbehalten, die dann allerdings gerne mal ein Glas zu viel probieren.

Adresse 2be: Wollestraat 53, 8000 Brügge, Tel. +32 (0)50/611222, www.2-be.biz | ÖPNV Bus 1, 4, 6, 11, 12, 14, 16, Haltestelle Dijver | Öffnungszeiten Bierwand: immer zugänglich, siehe www.2-be.biz/en/contact | Tipp Ganz in der Nähe, in der Breidelstraat 3, erfährt man im Museum Bruges Beer Experience interaktiv alles über die Geschichte des belgischen Bieres, inklusive Verkostung.

9 Der Bildstock

Die Legende von Klein Anna

Auf dem Weg zu den Mühlen auf dem Stadtwall Kruisvest kreuzt die Carmersstraat die Straße der Musiker, die Speelmansstraat. Zumeist gedrungene zweistöckige Häuser zeugen davon, dass dies einst ein bitterarmes Arbeiterviertel war. Außer Kneipen, Hunger und Not hatte das Quartier Menschen, die hier in sogenannten *beluiken* – winzigen, abgeschlossenen Wohnhöfen – auf engstem Raum hausten, wenig zu bieten. Inzwischen hat sich vieles verändert, aber eins ist geblieben: das Bildnis an der Fassade des Hauses Ecke Carmersstraat / Korte Speelmansstraat.

Ziemlich ungewöhnlich an diesem Ort und auffällig bunt gestaltet, sieht man in einer Wandnische eine Hausmadonna hinter Glas, einen gekreuzigten Jesus und daneben ein aus Holz geschnitztes Mädchen. Der Bildstock, der aus dem Jahr 1760 stammt, ist einer alten Brügger Legende gewidmet. Exakt an diesem Platz verzeichnet Marcus Gerards' berühmter Stadtplan von 1562 einen Brunnen. Annaatje, so die Geschichte, Tochter aus gutem Hause, wurde nach dem Tod der Eltern vom ehemaligen Dienstmädchen aufgezogen. Wie alle Kinder des Viertels musste die kleine Anna am Brunnen Wasser holen. Als bucklige Waise wurde sie oft gehänselt und gequält. Aus Rache, weil Annas Ziehmutter ihnen zuvor ein gestohlenes Huhn abgenommen hatte, warfen ein paar Jungen Anna kurz vor Weihnachten in den Brunnen. Das ganze Viertel suchte das Mädchen, doch es blieb verschwunden. Annas Ziehmutter kroch auf Knien zur Madonna in der Potteriekirche, um ein Wunder zu erflehen. Und es geschah. Anna wurde im Brunnen gefunden, dessen Wasser gefroren war, weshalb Anna nicht ertrank, sondern nur leicht verletzt gerettet werden konnte.

Unter einem mit dem allsehenden Auge verzierten Baldachin steht Annaatje seit 1760 in der Wandnische auf dem Brunnen. Den echten Brunnen gibt es schon lange nicht mehr, aber der Bildstock und seine Legende sind geblieben.

Adresse Carmersstraat 84, 8000 Brügge | **ÖPNV** Bus 4, 5, 7, 9, 14, 15, 17, 25, 90, Haltestelle Snaggaardbrug | **Tipp** Viele Brügger Häuser ziert eine Hausmadonna. Die wohl schönste ist am Haus Groenerei 4, neben der Peerdenbrug. Am Haus Pater Damiaanstraat 2 zertritt eine Madonna eine giftgrüne Schlange, welche die Erbsünde symbolisiert. In der Poitevinstraat erinnert ein Fliesenbild mit Mariendarstellung an das Ende der Pestepidemie von 1666.

10 Der Billardsalon

Vom Trickshot bis zum Brugse Biljart Club

Es gab eine Zeit, da dachte man bei Billard automatisch an Belgien. In den 1960er bis 1980er Jahren beherrschte Raymond Ceulemans das Spiel mit den Elfenbeinkugeln in nie da gewesener Weise. 33 Weltmeister-, 44 Europa- und 61 nationale Titel gewann der Diamantschleifer aus Lier, vor allem in seiner Paradedisziplin Dreiband-Karambolage. Angeblich hat Ceulemans 2001 seine aktive Karriere im Alter von 64 Jahren beendet, was ihn nicht hinderte, 2012 den seinerzeit amtierenden Europameister zu schlagen. Wahrscheinlich würde er noch heute jeden Amateur von der Platte putzen. Der Königsdisziplin Dreiband widmet man sich in der Diksmuidestraat 3b im »Koninklijke Brugse Biljart Club« täglich ab 13.30 Uhr auf sieben Trainings- und vier großen Wettkampftischen.

Freunde des nicht minder komplexen Snooker waren lange im »Trickshot« in der Gouden-Boomstraat zu Hause. Die Halle musste einem Wohnhaus weichen, soll aber wiedereröffnet werden. Jetzt wird im Zentrum gespielt, im »Snooker Palace« von Thomas Hinderyckx, der den Billardsalon vom Vater, einem Ex-Fußballprofi, übernommen hat. Zwischen Supermarkt und Souvenirshop führt ein enger Einlass zur Treppe in den ersten Stock. Hier stehen für Anhänger des Sports mit den 22 kleinen Kugeln neun Snookertische bereit, außerdem gibt es drei Pooltische. Der Platz in der Mitte bleibt Könnern reserviert, auch bekannte Profis trainieren bisweilen hier. Snooker wird auf 12-Fuß-Tischen gespielt: Jeder Tisch misst 3,66 mal 1,83 Meter. Um sich mit Queues und Hilfsqueues nicht ins Gehege zu kommen, braucht es drum herum Platz. Entsprechend groß ist der Saal. Anders die Snookerkugeln: Mit einem Durchmesser von 52,5 Millimetern sind sie deutlich kleiner als Karambolagekugeln. Das macht die Schwierigkeit, aber auch den Reiz von Snooker aus. Zur Stärkung gibt es Bier und Snacks. Wer bei Billard allerdings an verräucherte Kneipen denkt, ist hier falsch.

Adresse Nordzandstraat 4, 8000 Brügge, Tel. +32 (0)50/341349, www.snookerpalace.be | ÖPNV Bus 4, 14, 90, Haltestelle Markt | Öffnungszeiten Mo – Sa 13 – 1 Uhr, So 18 – 24 Uhr | Tipp Auch Freunde anderer kleiner Bälle kommen im Brügger Umland auf ihre Kosten. Vier Golfplätze liegen nur acht bis 20 Kilometer entfernt: »Damme Golf & Country« (18+9), »Knokke Royal Zoute« (2x18), »De Haan Royal Ostend« (18) und »Wellington Golf« (9) in der Pferderennbahn von Oostende.

11 Das Bistro

Typisch Brügge an der Dampoort

Niemand kann behaupten, das Bistro »Du Phare« sei von Touristen überlaufen. Was sicher der Lage dieses netten Lokals ganz im Nordosten der Stadt zu verdanken ist. Und das ist nur einer der vielen Vorzüge.

Das »Du Phare« (auf Deutsch Leuchtturm) liegt abseits der touristischen Sehenswürdigkeiten auf einer Insel am Zusammenfluss der Kanäle Langerei, Kruisvest und Damse Vaart. Das bedeutet: schöne Aussicht garantiert, insbesondere wenn man draußen auf der großen Sonnenterrasse sitzt. Im Haus, dessen Fundamente aus dem 15. Jahrhundert stammen, sorgen unverputzte Backsteinwände und dunkle Holzbalken für eine heimelige Atmosphäre. Southern Rock à la CCR dominiert das Musikprogramm. Man nimmt auf Thonetstühlen Platz an Tischen, deren Gestelle einst Nähmaschinen waren. Die Preise für Tapas und Pasta sind moderater als die Portionen. Die Hauptgerichte sind für deutsche Verhältnisse eher etwas teurer, bieten dafür aber auch die entsprechende Portionsgröße. Und on top gibt es an manchen Wochenenden Livekonzerte, zumeist Blues. An solchen Tagen sollte man vorher einen Tisch reservieren, besser auch für einen abendlichen Besuch, denn dann wird es häufig voll, besonders im Sommer.

Das Bistro »Du Phare« bietet sich auch als Zwischenstopp oder Abschluss einer Tour an. Zum Beispiel nach einem Spaziergang entlang des Langerei, vorbei an der Ter Duinenbrug, der einzigen hölzernen Hebebrücke in der Stadt, benannt nach der Dünenabtei, die hier einst stand. Die historischen Krankensäle und das Kloster Onze-Lieve-Vrouw ter Potterie aus dem 13. Jahrhundert sind heute Museum. Hier beginnt am 15. August die jährliche Dankprozession »Brugse Belofte«. Auch zu Beginn oder Abschluss eines Spaziergangs über die Promenade Kruisvest vorbei an den vier Windmühlen erreicht man das Bistro. Oder bei einer Radtour auf dem von Pappeln gesäumten Uferweg entlang des Kanals Damse Vaart.

Adresse Sasplein 2, 8000 Brügge, Tel. +32 (0)50/343590, www.duphare.be | ÖPNV Bus 4, 90, Haltestelle Sasplein | Öffnungszeiten täglich 11–24 Uhr | Tipp »Lamme Goedzak« heißt der kleine Schaufelraddampfer, der am Noorweegse Kaai 31 täglich außer sonntags zwischen Brügge und Damme verkehrt. Eine Alternative für all jene, die eine Radtour zu anstrengend finden.

12 Die Blindenkapelle

Die unbekannte Kirche der schielenden Madonna

Ganz im Westen der historischen Altstadt, nahe der Smedenpoort, steht in der Kreupelenstraat eine Kirche, deren Name auch bei Einheimischen Kopfschütteln auslöst, weil sie sie eher nicht kennen. Dabei gehen ihre Ursprünge zurück auf das Jahr 1305. Robrecht van Bethune, Graf von Flandern, soll ihren Bau veranlasst haben. Auch beginnt die jährlich am 15. August begangene Dankprozession »Brugse Belofte« seit über 700 Jahren genau hier, an der Blindenkapelle in der Kreupelenstraat: Onze-Lieve-Vrouw-van-Blindekenskapel.

Der Stadtbrand vom 10. September 1418 vernichtete große Teile der westlichen Altstadt. Dabei fiel auch die erste hier errichtete Kapelle inklusive des gesamten Inventars den Flammen zum Opfer. Nur sieben Jahre nach dem verheerenden Feuer war die einschiffige Kapelle an gleicher Stelle wiederhergestellt, mitsamt einer neuen Statue der wundertätigen Madonna, die hier von jeher verehrt wurde. Heute hängt mitten im Raum unter der imposanten Holzdecke zudem ein großes Schiffsmodell. Es erinnert an den Dreimaster »Sint-Michiel«, der während der großen Hungersnot im Jahr 1588 Korn nach Brügge brachte und die Menschen so vor dem Verhungern rettete.

Zurück zur Madonna: eine vergoldete, sitzende Maria mit Krone, auf deren Schoß ein ebenfalls gekröntes, nacktes Jesuskind steht, dass ungestüm versucht, die Mutter zu umarmen. Die Darstellung ist ungewöhnlich, denn bei genauerem Hinsehen erkennt man, dass Maria ein deutlich asymmetrisches Gesicht hat, ihre Augen liegen nicht auf einer Ebene, und sie schielt. Die Statue ist sozusagen ihrer Umgebung angepasst, sie ist »behindert«. Inzwischen vermuten Kunsthistoriker, dass es sich bei ihr nicht um das Exemplar aus dem Jahr 1425 handelt, sondern dass sie jüngeren Datums sei. Übrigens gelangt man nicht nur durch die Holztür an der Frontseite in die Kapelle, der Weg führt durch das Steinportal zur Rechten.

Adresse Kreupelenstraat 8, 8000 Brügge, Tel. +32 (0)50/336841, www.brugsebelofte.be | **ÖPNV** Bus 7, 9, 17, 25, 41, 90, Haltestelle Hoefijzer | **Öffnungszeiten** täglich 9–18 Uhr | **Tipp** Bei den drei kleinen Häusern rund um die Kapelle handelt es sich um sogenannte *godshuizen*, karitative Stiftungen reicher Bürger. Sie stammen aus dem Jahr 1650 und dienten dazu, Blinden Unterkunft zu gewähren.

13 Der Bonbonladen

Zuckersüßer Retro im De Soete Paepe

Lissewege mit seinen 2.500 Einwohnern wirkt wie aus der Zeit gefallen und wird auch deshalb regelmäßig zu einem der zehn schönsten Dörfer Flanderns gekürt. Ein rühriger Verkehrsverein kümmert sich darum, Touristen und damit Geld in den malerischen Ort zu locken. Im Sommer kann es schon mal voll werden. Das gilt besonders für den winzigen Laden »De Soete Paepe« (Der Süße Pastor), ein im Stil der 1920er Jahre eingerichtetes Süßwarengeschäft, dessen Sortiment ebenfalls aus vergangenen Zeiten stammt. Zuckersüßer Retro also. Allerliebst.

Lakritze, Bonbons und Lutscher, die nur betagtere Semester noch aus der eigenen Kindheit kennen. Das Ganze lose nach Gewicht verkauft und aufbewahrt in großen Gläsern mit von Hand beschrifteten Etiketten. Mehr als 60 Sorten Süßigkeiten stehen in den grünen Holzregalen, süße, saure, salzige und cremige Drops, Veilchen-, Kirsch- und Himbeerbonbons, Dauerlutscher, »Zauberknollen« und »Schneebälle«. Manchmal werden auch handgemachte Marmeladen und *oliebollen*, also eine Art Berliner, angeboten.

Seinen Namen verdankt der Bonbonladen folgender Geschichte: Servatius Meerseman – sein Bild hängt im Geschäft – war Ende des 19. Jahrhunderts Pastor von Lissewege. Der Gottesmann verschenkte gerne selbst gemachten »Mäusespeck« und Marmeladen mit Obst aus dem eigenen Garten an die Armen, was ihm den Spitznamen »der süße Pastor« einbrachte. Rudy Meyns, Gründer des Tourismusvereins Lissewege, ist im Dorf geboren und erinnerte sich an diese alte Geschichte. Als das kleine Ladenlokal im Ortszentrum leer stand, wurde aus der Erinnerung ein Geschäft, zur großen Freude aller »Naschkatzen«, die das Polderdorf besuchen. Sollte der winzige Bonbonladen vor Kunden überquellen, und das ist spätesten ab fünf Personen der Fall, kann man die Wartezeit nutzen, um ein wenig durch das bezaubernde Dorf zu streifen. Es gibt noch mehr schöne Läden und auch sehr viel Kunst zu entdecken.

Adresse Walram Romboudtstraat 7, 8380 Lissewege, Tel. +32 (0)487/499214, www.desoetepaepe.be | **ÖPNV** Bahn Linie L, Bus 7, 9, 15, 17, 25, Haltestelle Lissewege | **Öffnungszeiten** Juli–Aug. Di–So 11–18 Uhr, Mo Ruhetag, sonst an Wochenenden 13.30–17 Uhr | **Tipp** Das Denkmal in der Dorfmitte zeigt Willem van Saeftinghe. Der bullige Laienmönch soll in der Sporenschlacht 1302 den Anführer der französischen Armee mit bloßen Händen vom Pferd gezogen haben und später, als Tempelritter, bei der Verteidigung von Rhodos gefallen sein.

14 Das Bouchoute

Kompass und Windfahne sind Präzisionsinstrumente

Auf den ersten Blick vermittelt das Haus »Bouchoute« mit seiner streng geometrisch gegliederten Fassade den Eindruck, das jüngste Gebäude am Grote Markt zu sein. Tatsächlich ist es jedoch das älteste. Es wurde im Jahr 1477 errichtet, auch damals wahrscheinlich schon mit flachem Pultdach. Die Renovierung der Vorderfront im 19. Jahrhundert hat dem Charme des Hauses nicht sonderlich gutgetan, vor allem nicht dem Erdgeschoss, das vormals eine Einheit mit dem Mezzanin darüber bildete. Aber unabhängig davon ist das Bouchoute hochinteressant und wichtig für die Stadt. Man muss nur auf ein paar Details achten.

Da ist zunächst der mächtige Kompass im Mitteljoch des obersten Stockwerks, wobei es sich genau genommen um ein sogenanntes Anemoskop handelt. Angezeigt wird nämlich nicht der magnetische Norden, sondern die Windrichtung. Die Nadel der Windrose ist durch ein Getriebe mit der goldenen Windfahne auf dem Dach verbunden. Das Instrument stammt aus dem Jahr 1677 und funktioniert bis heute extrem präzise. Im 17. Jahrhundert war es für die Navigation der Segelkähne auf den schmalen Kanälen der Stadt hilfreich, ja unerlässlich.

Die goldene Kugel rechts oben auf dem Dach ist bedeutend jünger und ebenfalls ein Präzisionsinstrument. Installiert wurde sie 1837 im Zuge des Eisenbahnbaus. Um landesweit pünktliche Fahrpläne garantieren zu können, war die Vereinheitlichung der Uhrzeit zwingend notwendig. Bis dahin hatte jeder Ort seine eigene Zeit, nicht nur in Belgien. Und genau das ermöglicht die Kugel zusammen mit den Kupfernägeln im Belag des Marktplatzes. Solch ein Instrument nennt man Gnomon. Punkt zwölf Uhr mittags treffen die Sonnenstrahlen durch ein Loch in der Kugel auf die Nägel. In der ersten Hälfte des 19. Jahrhunderts gab es in ganz Belgien 41 ähnlich konstruierte Sonnenuhren; die von Brügge ist heute die letzte ihrer Art und zeigt weiterhin die Mittagsstunde an.

Adresse Grote Markt 15, 8000 Brügge | ÖPNV Bus 4, 14, 90, Haltestelle Markt | Öffnungszeiten nur von außen zu besichtigen, am besten vom Dach des Historiums aus | Tipp Der Turm des Historiums bietet überhaupt den besten Rundumblick über Brügge und alle wichtigen Gebäude, immer samstags sogar bis 23 Uhr. Auch die virtuellen Rundgänge und -flüge sind – besonders an Regentagen – zu empfehlen (www.historium.be).

15 Die Brandgassen

Oft übersehene Wahrzeichen

»Es brennt, Feuer!«, das war der große Schreckensruf in mittelalterlichen Städten. In Brügge hat man versucht, die Gefahr von zerstörerischen, gebäudeübergreifenden Großbränden durch sogenannte Brandgassen beherrschbar zu machen. Schmale, kopfsteingepflasterte Gässchen, gerade breit genug für ein oder zwei Personen, führen zwischen den Häusern direkt zu einem Kanal, um von dort schnellstmöglich Löschwasser heranschaffen zu können. Manche dieser alten Gassen sind erhalten geblieben, versteckt hinter Holztoren oder Metallgittern. In der Hoogstraat 28 und der Kastanjeboomstraat 14 öffnen sich, kaum erkennbar, die Eingänge der Gassen geradewegs zu Bakkersrei und Groenerei. Auch zum Kanal Dijver führen Brandgassen. Heute haben sie ihre ursprüngliche Funktion verloren und erschließen vor allem Gärten und Hinterhöfe. Aber es lohnt sich, ein wenig Ausschau nach den Toren zu halten. Manche der Gassen sind zugänglich, wobei man Rücksicht auf die Anwohner nehmen sollte.

Andere Brandgassen sind nahezu »unsichtbar«, weil mitten im Zentrum und dem Gewusel vieler Menschen niemand mit ihnen rechnet. Am Eingang zur De Garre in der belebten Breidelstraat läuft so mancher achtlos vorbei. Zum Glück, wird wohl der ein oder andere Brügger sagen, denn so bleibt die Kneipe gleichen Namens, das »Staminee De Garre«, ein wenig ein Geheimtipp. Der Wirt wird es wohl anders sehen. Wobei, was nützen schon Gäste, die mehr gucken als trinken? Das Metalltor zwischen den Hausnummern 14 und 16 auf der Breidelstraat ist der Eingang in die einstige Brandgasse und zu der urigen Kneipe auf zwei Etagen. De Garre, zu übersetzen mit Riss oder Spalt, führte früher auf den Kraanrei, der heute als unterirdischer Kanal Dijver und Spiegelrei verbindet. Alle Versuche, die Gasse umzubenennen, blieben erfolglos. Alteingesessene Brügger sprechen gar von »De Garre van Konei«, so der Name eines ehemaligen »Besitzers«.

Adresse Staminee De Garre: De Garre 1, 8000 Brügge, Tel. +32 (0)50/341029, www.degarre.be | ÖPNV Bus 4, 14, 90, Haltestelle Markt | Öffnungszeiten Staminee De Garre: täglich 12–23.30 Uhr | Tipp Die Stoofstraat ist die wohl schmalste Gasse von Brügge. Obwohl sie den belebten Walplein mit der Katelijnestraat verbindet, wird sie oft übersehen. Was schade ist, denn hier gibt es auch ein paar nette Boutiquen zu entdecken.

16 Die Bürgerloge

Moderne Kunst im historischen Handelszentrum

Die Poortersloge von Brügge ist ein imposantes Gebäude. Es strahlt Macht und gehöriges Selbstbewusstsein aus, wie es da am Kopfende des Spiegelrei steht. Am besten geht man den Kanal entlang auf den Jan van Eyckplein und damit auf die Bürgerloge zu. So nimmt man exakt die Perspektive mittelalterlicher Handelsschiffe ein. Damit erklärt sich auch der Name Poortersloge: Das Gebäude gewährte den Eintritt in die Handelsmetropole. Hier empfingen die reichen Bürger Brügges ihre Geschäftspartner aus dem Ausland. In der unmittelbaren Umgebung unterhielten auch alle Handelsnationen ihre Kontore.

Die Poortersloge wurde von 1395 bis 1417 in spätgotischem Stil im Auftrag der kaufmännischen Elite gebaut als Drehscheibe des internationalen Handels. Die Händler konnten ihren Segler vom Turm aus heranfahren sehen. Die Schiffe wurden hier am Kai zur Seite Spiegelrei von Hafenarbeitern mit Sitz im Pinderhuisje gelöscht. Im Tolhuis, direkt nebenan, wurden die Waren geprüft und besteuert, bevor sie in den Handelskontoren eingelagert werden durften. Erst 1549 erwarb die Stadt das Zollrecht. Zuvor war es privates Lehen. Bis 1715 war die Loge auch Sitz der »Genootschap van de Witte Beer«, einem ritterlichen Verein, dessen Symbol im Stadtwappen und in einer Bildnische der Fassade zu sehen ist. Von 1720 bis 1890 diente das Haus dann als Sitz der Akademie der Künste. Nach der Französischen Revolution wurden Kunstwerke aus abgerissenen Brügger Kirchen hier unter- und in Sicherheit gebracht, auch Gemälde der Flämischen Primitiven. Ende des 19. Jahrhunderts erhielt das Gebäude im Zuge mehrerer Renovierungen sein heutiges Aussehen. 1912 zog das Staatsarchiv ein und 100 Jahre später wegen Platzmangels wieder aus.

Gegenwärtig ist die Poortersloge ein besonderer Ausstellungsort für zeitgenössische Kunst, was in diesem Ambiente oft zu reizvollen Kontrasten zwischen Alt und Modern führt.

Adresse Kraanrei 19, 8000 Brügge, Tel. +32 (0)50/448743 | **ÖPNV** Bus 4, 5, 7, 9, 14, 15, 17, 25, 90, Haltestelle Jan van Eyckplein | **Öffnungszeiten** von innen nur zu besichtigen, wenn Ausstellungen stattfinden, Do–So 14–17 Uhr (www.ccbrugge.be) | **Tipp** Das Groeninge-Museum (Dijver 12) ist ein absolutes Muss. Neben dem Triptychon »Das Jüngste Gericht« aus der Werkstatt Hieronymus Bosch werden Werke von Rogier van der Weyden, Pieter Breughel dem Jüngeren, Jan van Eyck, Delvaux, Magritte und van de Velde gezeigt.

17 Das Butterhaus

Der mittelalterliche Weg zum Kino

Wem Brügge andernorts noch nicht mittelalterlich genug erscheint, der muss unbedingt das Boterhuis (Butterhaus) und die gleichnamige Gasse mitten in der Altstadt besuchen. Seit circa 1540 verbindet das mit Kopfstein gepflasterte Sträßchen, gerade mal 100 Meter lang, die Sint-Jakobsstraat mit der Naaldenstraat. Man betritt die Gasse an beiden Enden jeweils durch einen schmalen Tudorbogen. Ungefähr in der Mitte ist sie dann von einem gelben, schlossartigen Haus mit rundem Treppenturm überbaut. Und genau in diesem durchaus eleganten Bau wurden ab 1540 für knapp 300 Jahre Milchprodukte gelagert und gehandelt, nachdem das ursprüngliche, erste Boterhuis auf dem Eiermarkt in dieser Funktion ausgedient hatte. Der wiederum ist nur einen Steinwurf entfernt und heute ein Zentrum des Brügger Kneipen- und Nachtlebens.

Als Verkaufsstelle für Butter, Eier und Käse musste das Boterhuis 1830 dann erneut weichen und Platz machen für eine Konzerthalle, die, man ahnt es, den Namen »Butterhouse« erhielt. Bis Mitte der 1970er Jahre wurde hier musiziert, dann war Ende. Die Milchprodukte wurden die folgenden rund 100 Jahre, wie im Übrigen auch Fleischprodukte, in einem Saal im Keller des Rathauses verkauft. Denn hier war es, auch bevor Kühlschränke und -truhen zur selbstverständlichen Küchenausstattung gehörten, kalt genug, um die verderblichen Produkte ohne gesundheitliche Risiken lagern zu können.

Die malerische Gasse bleibt, obwohl unweit von Belfried und Grote Markt gelegen, von Touristenscharen verschont. Cineasten wissen, dass im Boterhuis der Eingang des »Cinema Lumière« liegt, einem Programmkino, das die meisten Filme in Originalsprache zeigt. 1970 drehte der belgische Regisseur Harry Kümel in der Gasse Szenen des Films »Malpertuis« mit Orson Welles, Jean-Pierre Cassel und Sylvie Vartan, der auf dem gleichnamigen phantastischen Roman des belgischen Autors Jean Ray beruht.

Adresse Boterhuis, 8000 Brügge | ÖPNV Bus 3, 13, Haltestelle Sint-Jakobskerk; Bus 4, 5, 7, 9, 14, 15, 90, Haltestelle Stadsschouwburg | Tipp Wenn es auch keines für Butter gibt, an ungewöhnlichen Museen besteht in Brügge kein Mangel. Im Frietmuseum in der Vlamingstraat 33 und im Museum Choco-Story in der Wijnzakstraat 2 erfährt man viel Wissenswertes über wahlweise Salziges oder Süßes, das man dann auch noch verkosten kann.

18 Das Carillon

Zweimal täglich vom Belfried

Wer einem Carilloneur zuschaut, mag kaum glauben, dass auf diese Weise wunderschöne Klänge erzeugt werden, so brutal wird das Instrument malträtiert. Der Beiaardier, wie er im Flämischen heißt, stampft mit den Füßen auf den Pedalwerken und haut mit den Fäusten auf hölzerne Stöcke. Aber das Ergebnis klingt so gut, dass die UNESCO die belgischen Glockenspiele 2014 zum Weltkulturerbe erklärt hat. Carillons haben eine enorme Klangfülle, fast wie eine Orgel, und werden nicht umsonst als »Stimmen der belgischen Städte« bezeichnet.

Das Brügger Carillon ist mit 47 Glocken (Gesamtgewicht knapp 28.000 Kilo) eines der größten seiner Art und wurde vor über 270 Jahren von Joris Dumery gegossen. Erst 2010 mussten 21 kleine Glocken ersetzt werden. Es wird per Hand, aber auch mechanisch mittels einer Walze bespielt. Das heutige Carillon befindet sich seit 1748 im Belfried. Zuvor gab es bereits drei andere Glockenspiele, das älteste aus dem Jahr 1542. Und obwohl – je nach Jahreszeit – drei bis fünf Konzerte pro Woche vom Turm erklingen, verpassen viele Touristen bedauerlicherweise die Attraktion, sei es, weil sie am falschen Tag kommen, sei es, weil sie um elf noch nicht in Brügge oder um 21 Uhr schon wieder abgefahren sind.

Die Ausbildung eines Beiaardiers dauert geschlagene zehn Jahre. In die Tasten hauen darf nur, wer die königliche Carillonschule Mechelen absolviert hat: Gegenwärtig sind das Wim Berteloot, der Ehrencarillonneur Frank Deleu und der Assistent Jean-Pierre Hautekiet. Wer ihnen bei der Arbeit zuschauen will, muss die 366 Stufen des Belfrieds erklimmen. Die Trommelkammer der neun Tonnen schweren Walze, die das Carillon jede Viertelstunde zum Klingen bringt, befindet sich auf Höhe der Turmuhr, die Klaviatur für den Carilloneur im Raum darüber. Auf den Belfried kann man übrigens jederzeit steigen. Die Aussicht vom Turm ist überwältigend. Aber das Beste ist und bleibt die Musik.

Adresse Belfried, Markt 7, 8000 Brügge, Tel. +32 (0)50/448743, www.museabrugge.be | **ÖPNV** Bus 4, 14, 90, Haltestelle Markt | **Öffnungszeiten** Mo–So 9–20 Uhr, Konzerte: Mi, Sa, So 11 Uhr, Mitte Juni–Mitte Sep. auch Mo, Mi 21 Uhr | **Tipp** Auf dem Joris Dumeryplein an der Boeveriestraat steht ein eigentümliches Holzgestell, in dem eine mächtige Glocke hängt, ebenfalls von Dumery. Die ehemalige Sturm- und Brandglocke aus dem Belfried wird zu Feierlichkeiten mit dem Fuß bespielt, ein wahrer Kraftakt.

19_Die Cocktailbar

Das Groot Vlaenderen ist superhip

Den Namen Vlamingstraat oder Vlaemyncstraetkin gab es in früheren Zeiten acht Mal in Brügge. Kein Wunder, bezeichnet *Vlaming* doch ursprünglich ein tief liegendes Sumpfland, und davon hatte die Stadt reichlich zu bieten. Die wichtigste Vlamingstraat verlief vom Markt zur Börse, genauer zum Haus der Familie Ter Beurze. Von dort führte dann die Korte Vlaming weiter über den Augustijnenrei. An der Straße lagen sowohl große Herrenhäuser als auch Gasthäuser. Seit Beginn des 16. Jahrhunderts wird *Vlaming* mit Flandern gleichgesetzt. Beim Bau des Stadttheaters 1869 wurde die Straße umgestaltet, behielt aber ihren Verlauf im Wesentlichen bei.

Den Namen »Groot Vlaenderen« führt das schöne alte Haus an der Ecke Kortewinkel ausweislich seines Giebels schon lange. Ob der Barockbau immer als Gasthaus diente oder einmal Sitz einer betuchten Händlerfamilie aus Spanien oder Italien war, ist nicht bekannt. Klar ist dagegen, dass die erste Schanklizenz auf das Jahr 1879 datiert. Klar ist ebenfalls, dass seit 2018 Shanna Delfosse und Dieter Moeyaert das »Groot Vlaenderen« als Cocktailbar führen. Wobei das edle dunkle Interieur und die beeindruckende verspiegelte Holzvitrine für die Flaschenbatterie glatt aus der Zeit der ersten Lizenz stammen könnten.

Shanna ist Grafikerin und Fotografin, Dieter Journalist und Fachmann für Spirituosen. Das Konzept ist so klar wie die Eiswürfel in den Getränken: gediegenes Ambiente und nette Gespräche in einer stilvollen Bar, in der Könner großartige Drinks mixen und servieren. Man nimmt auf lederbezogenen Hockern an der Bar Platz, auf edlen Sofas und Sesseln unter dem großen Kronleuchter oder aber im Kaminzimmer – an schönen Abenden auch vor der Tür. Das »Groot Vlaenderen« liegt etwas abseits vom wuseligen Zentrum, ist aber fußläufig zu erreichen. Bleibt nur der Tipp: hingehen, Cocktails probieren, entspannen und dabei nicht allzu sehr versumpfen.

Adresse Vlamingstraat 94, 8000 Brügge, Tel. +32 (0)50/684356, www.grootvlaenderen.com | **ÖPNV** Bus 4, 5, 7, 9, 14, 15, 90, Haltestelle Stadsschouwburg | **Öffnungszeiten** Di–Do 17–1 Uhr, Fr, Sa 17–2 Uhr, So 17–24 Uhr, Mo Ruhetag | **Tipp** An Kneipen, Bars und Restos für jeden Geschmack besteht in Brügge kein Mangel. Weinfreunden sei das »Blend« in der Kuipersstraat empfohlen. Gute Tropfen können glasweise verkostet und kistenweise gekauft werden.

20 Die Colonnade

Symbol der Triennale 2021

Plötzlich und unvermittelt steht er da, im Baron Ruzettepark im Norden der Altstadt, dieser seltsame, sechs Meter hohe Klotz, der den Eindruck vermittelt, das Werk einer riesigen Schrottpresse zu sein. Einerseits wuchtig und gedrungen, andererseits Durchblicke gewährend, halb undurchdringlicher Wald, halb griechisch-römische Säulenhalle. 100 Säulen unterschiedlicher Stärke aus rostrotem Metall schräg und quer, eingeklemmt zwischen zwei dicken Platten, ebenfalls aus rotem Metall. »Colonnade« wurde von dem belgischen Architekten- und Künstlerduo Gijs / Van Vaerenbergh als Beitrag zur »Triennale Brugge« 2021 geschaffen. Meist sind es Kinder, die gänzlich unbefangen mit der Skulptur umgehen, sie buchstäblich begreifend entdecken, darin herumklettern oder Verstecken spielen. Und genau dafür ist der Säulenwald gedacht: Er will erfahren werden.

Die Brügger Triennale findet alle drei Jahre statt. Moderne Kunstwerke werden an allen möglichen Orten, ob zu Wasser oder an Land, in oder an Gebäuden installiert. So wird die Stadt temporär zur Bühne, Kunst kann erwandert werden. Normalerweise werden alle Kunstwerke am Sommerende wieder abgebaut. Nicht so die »Colonnade«. Der Stadtrat beschloss, dass sie auf Dauer bleiben soll, als einzige der 13 Installationen der Triennale 2021, deren Motto »TraumA« hieß. Auch wenn in jenem Jahr nur wenige internationale Besucher nach Brügge kommen konnten, »TraumA« bezog sich nicht auf die Coronapandemie. Ziel war, den Raum zwischen Traum und Realität, zwischen Illusion und Wirklichkeit auszuleuchten. Drei Jahre zuvor hieß das Thema »Liquid City«, die Fragestellung: Wie flexibel und zugleich widerstandsfähig kann die historische Stadt sein in einer Welt, die sich schnell verändert, in der alles fließend und flüchtig ist? Die »Colonnade« jedenfalls bleibt, für die Kinder ein Spielplatz, für Erwachsene ein monumentales Kunstwerk, das zum Nachdenken anregt.

Adresse Baron Ruzettepark, 8000 Brügge | ÖPNV Bus 4, 5, 7, 9, 14, 15, 41, 42, Haltestelle Komvest | Tipp Mit dem Stadtplan »25/25«, der im Tourismusbüro erhältlich ist, kann man 25 moderne Kunstwerke und 25 architektonisch besondere Gebäude erkunden.

21 Der Cosplay-Shop

Von der Polsterei zum Spezialgeschäft

1991 gründete Steve Vanhulle mit Anfang 20 zwei Kilometer nördlich der Altstadt eine Polsterei und Schreinerei. Einen Hang zu eher ungewöhnlichen Stoffen und Mustern – mehr Rock 'n' Roll als Gelsenkirchener Barock – hatte Steve schon immer, und so verlegte er sich darauf, farbenfrohe Sitzmöbel herzustellen.

Irgendwann aber lief das Geschäft schlechter, und obendrein verlor Steve die Lust daran. Was also tun mit dem handwerklichen Geschick und den ganzen Materialien wie Polsterschaum, Nieten, Ösen und Spezialklebern? Die Lösung hieß »Cosplay«. Das Kofferwort aus *costume* und *play* stammt aus Japan, wo junge Leute zu Beginn der 1980er Jahre begannen, sich als kulleräugige Animefiguren zu verkleiden, mit dem Ziel, den Helden der japanischen Anime- und Manga-Comics möglichst ähnlich zu sehen. Der Trend schwappte über die USA schließlich auch nach Europa. Schnell entstanden neue Spielarten mit Figuren aus Science-Fiction- und Fantasy-Welten.

Vanhulle erkannte die Marktlücke. Im Schaufenster steht der Schwerterthron aus dem Blockbuster »Game of Thrones«. Täuschend echt, wie aus Schwermetall geschweißt, besteht er tatsächlich aus Schaum, dem Material, mit dem der Polsterer sich auskennt. Eine kreisrunde Tür, die an die Hobbit-Häuser aus »Herr der Ringe« erinnert, führt in die Produktionshalle. Die sieht weiterhin aus, wie eine Polsterei eben aussieht, wären da nicht die lebensgroßen Puppen, bekleidet mit allen Arten von Fantasy-Kostümen. Diese Kostüme werden hier heute angefertigt und verkauft, sowohl vor Ort als auch online.

Nicht wundern, das Geschäft liegt etwas versteckt auf einem Industriegelände. Angeboten werden auch Workshops, in denen man unter Anleitung lernen kann, die Kostüme der phantastischen Rollenspiele selbst zu schneidern. Mit Cosplay als Lebensform hat der sportliche Vanhulle wenig am Hut. Seine Leidenschaft gilt dem jährlichen Schwimmevent »Damme–Brugge«.

Adresse Dreef ter Panne 1a, 8000 Brügge, Tel. +32 (0)50/342088, www.cosplayshop.be | **ÖPNV** Bus 41, 42, Haltestelle Landjuwelenstraat | **Öffnungszeiten** Mo–Fr 10–17 Uhr, Sa 10–14 Uhr | **Tipp** Comics jeglicher Art sind in Belgien sehr beliebt und als »neunte Kunst« anerkannt. »De Striep« in der Katelijnestraat 42 ist der beste Comicladen von Brügge mit dem umfangreichsten Angebot.

22 Die Damse-Vaart

Der Kanal nach Damme ist ein Ausflugsparadies

Der Bau des Kanals von Damme, Damse Vaart, wurde 1810 von Napoleon in Auftrag gegeben. Der künstliche Wasserlauf sollte ursprünglich Brügge über Damme mit dem 17 Kilometer entfernten niederländischen Sluis und dort mit der Schelde verbinden. Des Kaisers militärisch motivierte Pläne passten ins ökonomische Konzept der Brügger Handelshäuser, die nach dem Versanden der Zwin-Mündung wieder Zugang zum Meer suchten. Bis zu Napoleons Waterloo 1815 hatte der Kanal aber nicht einmal Damme erreicht. 1818 ordnete Wilhelm I. die Wiederaufnahme der Arbeiten an. Bis Sluis wurde der Kanal gebaut, ohne je größeren militärischen oder ökonomischen Nutzen zu entwickeln. Die Binnenschifffahrt endete 1940, weil im Krieg die Siphons zur Regulierung des Wasserstands gesprengt wurden. Touristisch ist der Kanal dafür bis heute eine Offenbarung, ob zu Fuß oder per Rad auf dem von Pappeln gesäumten Damm oder auf dem Wasser per Kajak, Stand-up-Paddle oder dem Raddampfer »Lamme Goedzak«.

Los geht es direkt hinter der Klappbrücke Dampoort und dann fünf Kilometer schnurgerade durch die Polderlandschaft mit ihren vereinzelten Gehöften bis nach Damme, mit etwas Kondition oder dem E-Bike auch bis Sluis oder ins Naturschutzgebiet des Zwin. Der Weg ist bestens ausgebaut. Nach rund einem Drittel des Noorweegse Kaai ist der Abstecher zur Sternschanze Fort van Beieren ausgeschildert und als Radweg ausgebaut. Fünf Kilometer sind nicht weit, außerdem finden sich unterwegs überall Einkehrstationen. Kurz vor Damme lohnt die schöne Windmühle Schellemolen einen Stopp.

Seit 1910 wird auf dem Kanal einmal jährlich der älteste Schwimmwettbewerb der Welt auf der Freiwasser-Langstrecke ausgetragen. Damals startete man am Ponton Damme. Der erste Sieger, Jef Pletinckx, benötigte für die 4.060 Meter 80 Minuten. Heute schwimmen Männer und Frauen die Strecke von mittlerweile fünf Kilometern in weniger als einer Stunde.

Adresse Start der Radtour: Dampoort, 8000 Brügge | **ÖPNV** Bus 4, 90, Haltestelle Sasplein | **Tipp** Im Verlauf der Tour Richtung Damme / Sluis kreuzt man, nachdem Damme passiert ist, den Leopold- und den Schipdonkkanaal, und zwischen Lapscheure und Hoeke ist die Radfähre »Kobus« erreicht. Passagiere ziehen sich selbst per Seilzug über den Kanal.

23 Das Denkmal

»Homeless Jesus« vor der Kirche der heiligen Magdalena

Vom Belfried zur Heilige Magdalenakerk sind es nur zehn Minuten Fußweg. Aber Touristen trifft man hier in der Nähe vom Koningin Astridpark und der Gentpoort selten an. Schade, sie verpassen vieles. Vor allem eine besondere Skulptur des kanadischen Bildhauers Timothy Schmalz.

Man muss nah herangehen an die Figur, die in eine Decke gehüllt auf der Bank vor der Kirche der heiligen Magdalena liegt, um zu erkennen, dass es kein Obdachloser ist, der sich dort ausruht oder seinen Rausch ausschläft, sondern eine Statue, erst recht bei winterlichem Schmuddelwetter. Und nur bei genauem Hinschauen entdeckt man die Kreuzigungsmale an den Füßen und weiß nun, wen die Skulptur darstellt. Timothy Schmalz hat den »Homeless Jesus« 2013 entworfen und in Toronto installiert. Das Kunstwerk machte Furore. Unterdessen steht eine Replik nicht nur in Brügge, sondern selbst auf der Via della Conciliazione am Petersdom. Brügges Bischof Lode Aerts sagte bei der Einweihung der Skulptur in seiner Stadt am 9. Dezember 2017: »Das Bild des obdachlosen Jesus ruft zum Handeln und zur Begegnung auf. Christen werden besonders von Menschen in Not, Obdachlosen oder Flüchtlingen angesprochen. Denn in diesen Menschen begegnen sie nicht nur einem Bruder oder einer Schwester in Not, sondern auch Jesus selbst. Nicht wie jemand von früher, sondern als Lebender, dem wir heute begegnen. Das Bild des heimatlosen Jesus ist dafür stummer Zeuge.« Die Reaktionen auf das Denkmal sind unterschiedlich: Manche übersehen die Skulptur – oder tun zumindest so. Andere fühlen sich abgestoßen und bedrängt, und wieder andere setzen sich bewusst dazu, in stiller Einkehr oder um zu beten.

Die neugotische Magdalena-Kirche wurde 2002 in einen öffentlichen Ort umgewandelt, der Besucher zu besonderen spirituellen Erfahrungen einlädt. In der Kirche hängt an 17 Meter langen Seilen eine Schaukel, und Mensch kann und soll über Wasser gehen.

Adresse Stalijzerstraat 19, 8000 Brügge | ÖPNV Bus 1, 11, 12, 91, Haltestelle Magdalenakerk | Tipp Empfohlen sei ein Abstecher in den Koningin Astridpark. Der ehemalige Klostergarten besticht mit altem Baumbestand, einem Teich mit Springbrunnen und seinem farbenprächtigen Musikpavillon.

24 Das Diamantmuseum

Girl's best friends

Diamant ist der härteste Stoff, der in der Natur vorkommt. Deshalb kann er im Prinzip auch nur mit anderen Diamanten bearbeitet werden. Bis ins frühe Mittelalter hat man ihn auch nicht als Edelstein betrachtet, eben weil man ihn nicht schleifen konnte. Beim Thema Diamantschleifen denken die meisten Menschen spontan an Antwerpen und Amsterdam. Erfunden wurde die Kunst, Diamanten zu bearbeiten, aber höchstwahrscheinlich im 15. Jahrhundert in Brügge von einem Goldschmied namens Lodewijk van Berquem. Brügge war zu jener Zeit die wichtigste Handelsmetropole nördlich der Alpen und enorm reich. Durchaus naheliegend also, dass die Verarbeitung der edelsten Steine hier ihren Ursprung genommen hat.

Und so gibt es völlig zu Recht ein Diamantmuseum in der Stadt, gelegen an einem kleinen Platz, wo Oude und Nieuwe Gentweg auf die Katelijnestraat stoßen. Gegründet wurde es 1999 von dem dänischstämmigen Bergbauingenieur John A. Rosenhoi. Wohl auch wegen dessen früherer Tätigkeit liegt ein Schwerpunkt der Ausstellung auf dem Abbau von Diamanten, vor allem in Südafrika. So sind beispielsweise eine Bergbauausrüstung und das Modell eines Minenschachtes zu sehen. Erklärt wird aber auch, wieso gerade das kleine Belgien durch die starke Nachfrage nach Luxusgütern am Hof von Burgund zum Zentrum des Diamanthandels wurde. Oder welche Bedeutung Industriediamanten heutzutage für die Wirtschaft haben und wie sie hergestellt werden.

Eindeutiger Höhepunkt sind die täglichen Vorführungen, bei denen ausgebildete Schleifer zeigen, wie aus Rohdiamanten durch Schnitt, Schliff und Polieren funkelnde Diamanten entstehen. Sie demonstrieren ihr Handwerk und erklären beispielsweise, welche Vorgaben es für das Schleifen gibt, warum viele Naturdiamanten nicht als Schmucksteine taugen, was ein Karat ist und auch, was Natur und Industriediamanten voneinander unterscheidet oder auch Diamanten von Brillanten.

Adresse Katelijnestraat 43, 8000 Brügge, Tel. +32 (0)50/342056, www.diamondmuseum.be | **ÖPNV** Bus 1, 4, 6, 11, 12, 14, 16, Haltestelle O.L.V. Kerk | **Öffnungszeiten** Mo–So 10.30–17.30 Uhr, Vorführungen täglich um 12.15 Uhr | **Tipp** Natürlich kann man von Experten zertifizierte Diamanten auch im Museumsshop kaufen. Das schönere Geschäft befindet sich aber in der Cordoeaniersstraat 5, einem denkmalgeschützten Haus aus dem 16. Jahrhundert.

25 Die Dorfkirche

Templer-Relikte in Lissewege

Das malerische Polderdorf Lissewege, das zur Gemeinde Brügge gehört, wirkt wie die ideale Kulisse für Mittelalterfilme, und tatsächlich hat die BBC hier Teile der Serie »The White Queen« (2013) über die englischen Rosenkriege gedreht. Das Dorf wird überragt, ja fast schon erdrückt vom Turm der Onze-Lieve-Vrouw-Bezoekingkerk, einem beeindruckenden Beispiel für die flämische Backsteingotik des 13. Jahrhunderts. Die Größe der Liebfrauenkirche steht in keinerlei Verhältnis zu der des Dorfes. Kein Wunder, dass sich Mythen um das monumentale Gotteshaus ranken. Wie kommt ein Dorf mit kaum 2.500 Einwohnern zu einer solch riesigen Basilika? Dass Lissewege im Mittelalter doppelt so viele Einwohner zählte, reicht als Erklärung kaum.

Die Mythen beginnen mit der polychrom bemalten Marienstatue in der nördlichen Kreuzkapelle. Fischer, so heißt es, hätten die Muttergottes im 12. Jahrhundert im Watt bei Lissewege gefunden und sie nach Heist gebracht, nur um sie am nächsten Tag an alter Stelle wiederzufinden. Damit sei klar gewesen, dass die Maria vor Ort in einer Kirche in Lissewege angebetet werden wollte. Weil der Statue Wundertätigkeit nachgesagt wurde, pilgerten seit dieser Zeit Wallfahrer in das Dorf. Die Pilger brachten Geld, so habe die Kirche etwas größer ausfallen können.

Weil Lissewege obendrein Etappe des Jakobswegs nach Santiago de Compostela war, übernahm der Templerorden den Schutz der Wallfahrer. Und hier setzt nun der nächste Mythos an. Die Templer hätten eine Erweiterung der Kirche ins Werk gesetzt und zum Beweis dafür das Gotteshaus mit einem Symbol quasi signiert. Dabei handelt es sich um einen fast verborgenen Kopf über dem Eingang der Sakristei. Der Kopf sei ein Bildnis des Baphomet, jener kultischen Figur, die die Templer angebetet haben sollen. So wie es für die Anbetung dieser Figur keine Evidenz gibt, fehlt sie auch für den Kopf selbst, bei dem es sich ebenso gut um einen Satyr handeln könnte.

Adresse Onder de Toren, 8380 Lissewege, Tel. +32 (0)50/444646, www.lissewege.com | **ÖPNV** Bahn Linie L, Bus 47, Haltestelle Lissewege; Rad: Lodewijk Coiseaukaai – Herdersbrug – Ter Doeststraat | **Öffnungszeiten** Mai–Sep. täglich 9–18 Uhr, Okt.–April täglich 10–16 Uhr | **Tipp** Der 50 Meter hohe Turm war vor der Verwüstung der Kirche während der Religionskriege im Jahr 1586 ein ganzes Stück höher. Es bleiben aber immer noch 264 Stufen, um oben anzulangen. Der Aufstieg lohnt, der Blick über die Polderlandschaft bis zum Meer und nach Brügge ist grandios.

26 Die Eisdiele

Die Gelateria Da Vinci in der Geldmuntstraat

Nur wenige Schritte vom Markt die Einkaufsmeile Geldmuntstraat hinunter, und schon sieht man auf der rechten Seite die mintfarbene Markise mit der Aufschrift »Gelato Da Vinci«, seit bereits 28 Jahren das Reich von Sylvia Manders und ihrem Mann Martin. Eisessen und »Da Vinci« sind in Brügge ein und dasselbe, ob in der Waffel oder im Becher, ob im Stehen oder im Sitzen, ob auf der Straße oder drinnen in der blau-gelben Eisdiele, deren Einrichtung an die Sixties erinnert.

Mindestens 30 Sorten finden sich im halbrunden Verkaufstresen, eine sich jeden Tag aufs Neue ändernde Auswahl aus Sylvias Repertoire von insgesamt über 200 Geschmacksrichtungen. Alle selbstverständlich aus eigener Fertigung, und das jeden Tag frisch. Das Angebot reicht von den zwingend erforderlichen Klassikern wie Vanille, Schoko, Erdbeere und Kirsch über Limette mit Ingwer, Blutorange und Zuppa inglese bis zu Roter Paprika. Und dann durchaus weiter in den Bereich des sehr Ungewöhnlichen. Da, wie auch bei der Qualität ihres Kaffees, zeigt sich, dass Sylvia Manders waschechte Wienerin ist: Puristen und Traditionalisten mag es schütteln, aber man sollte Eis der Geschmacksrichtungen Wiener Apfelstrudel, Marillenknödel oder Mozartkugel doch wenigstens mal probiert haben. Apropos probieren, selbstverständlich gehört der Testlöffel zum bemerkenswert guten Service des Hauses dazu. Und natürlich gibt es auch die Unvermeidlichen von Banana-Split bis zur »Macedonia«, dem frischen Fruchtsalat.

Zum Kaffee reicht Sylvia übrigens kleine Pralinés, auch die täglich wechselnd, frisch und handgemacht von der begabten Autodidaktin. Nicht nur Kunden der Eisdiele, auch einige namhafte Restaurants in der Stadt der vielen Chocolatiers versuchen immer wieder Sylvia Manders zu überreden, die Pralinen zu verkaufen. Vergebens. Es gibt sie prinzipiell nur bei ihr – und nur als Beigabe zum kleinen Braunen.

Adresse Geldmuntstraat 34, 8000 Brügge, Tel. +32 (0)50/333650, www.davincibrugge.com | ÖPNV Bus 4, 14, 90, Haltestelle Markt | Öffnungszeiten Mo–Sa 11–22 Uhr, So 12–22 Uhr | Tipp In Belgien isst man das ganze Jahr über Spekulatius. Abgesehen vom bei uns nur zur Weihnachtszeit beliebten Gebäck gibt es eine Vielzahl anderer Kekssorten, »handmade« und von bester Qualität, im »Maison La Confiance« (Wollestraat 31a).

27 Der Fahrradverleih

Freundlich, kompetent und günstig: De Ketting

Autos sind nicht das Fortbewegungsmittel der Wahl in Brügge. Die Straßen sind zu eng oder für motorisierten Verkehr ganz gesperrt, und das Einbahnstraßensystem ist für Ortsunkundige kaum überschaubar. Wer nicht per pedes durch die Stadt streifen will, was die beste und schnellste Fortbewegungsweise ist, dem sei das Fahrrad empfohlen. Räder können und dürfen überall und in jede Richtung fahren, Brügges Zentrum wie auch das Umland sind radfreundlich und weitgehend eben. Man kann auch E-Roller leihen, aber die Erschütterungen durch das Kopfsteinpflaster fangen die *fietsen* eindeutig besser ab.

Natürlich gibt es mehr als einen Fahrradverleih in Brügge sowie in den umliegenden Gemeinden, die vom Hollandrad bis zum hippen Fatbike so ziemlich alles im Angebot haben, natürlich auch Räder mit elektrischer Unterstützung sowie Zubehör wie Kindersitze. Hervorgehoben sei dennoch »De Ketting«. Nicht nur ist der Verleih an der Gentpoortstraat günstig gelegen (fünf Gehminuten vom Markt entfernt), vor allem bietet er freundlichen, kompetenten Service und qualitativ gute Räder zum besten Preis der Stadt, und das bereits seit fast 40 Jahren. Nur unbedingt die Öffnungszeiten beachten (hier macht man noch Mittagspause!), bei schlechtem Wetter oder wenn nicht viel los ist, bleibt der Laden auch schon mal zu. Und bezahlt werden kann nur in Cash!

Von dort aus kann man auch gleich starten in Richtung Gentpoort. Biegt man am Stadttor nach rechts ab, geht's gemütlich durch die Grünanlagen gen Wasserturm und Minnewaterpark. Soll es eine längere Tour sein, radelt man an der Gentpoort nach Norden, vorbei an den Windmühlen bis zur Dampoort und weiter nach Damme, eine Strecke von ungefähr sechs Kilometern. Als Radler mit einigermaßen Kondition kann man geradeaus über die Brücke des Kanals Ringvaart fahren und gelangt dort auf den Flandernradweg N50, der ins 45 Kilometer entfernte Gent führt.

Adresse Gentpoortstraat 23, 8000 Brügge, Tel. +32 (0)50/344196, www.deketting.be | ÖPNV Bus 1, 11, 12, 91, Haltestelle Gentpoort | Öffnungszeiten siehe Website | Tipp Nostalgiker und sonstige Fans des Kultgefährts können bei »Solex-Tours« in der Geralaan 48 (Brügge-Sint-Kruis) geführte Touren durchs Zentrum oder ins Umland buchen (www.solex-tours.be).

28 Der Fischhandel

Westhinder und Fisch sind in Zeebrugge Synonyme

Kommerzieller Fischfang wird von den Häfen der belgischen Nordsee aus zwar noch betrieben, hat aber für die Küstenstädte längst nicht mehr die Bedeutung wie noch vor wenigen Jahren. Zeebrugge bildet da keine Ausnahme. Im Hafen lagen einst Trawler aller Größen, heute dominieren hier Privatyachten. Auch die tägliche Fischauktion findet nicht mehr in dem Eckgebäude mit dem vierstöckigen weißen Turm direkt an der Mole statt, sondern am Prins Filipsdok, zwei Kilometer südlich im Binnenhafen hinter der Schleuse. Für einige Zeit wurde die Fischauktionshalle zum Museum Seafront umfunktioniert, widmete sich mit Exponaten und Fotos der Kultur und den Lebensbedingungen der Fischerfamilien, doch leider hat es die Coronazeit nicht überstanden.

Aber der »Vishandel Westhinder« ist weiterhin an der Seafront von Zeebrugge zu Hause. Und das ist gut so, denn nirgends sonst gibt es Fisch und Meeresfrüchte in solch hervorragender Qualität und Vielfalt. Wer Steinbutt oder Seezunge, Krebse, Hummer oder Rochenflügel, Jakobsmuscheln oder Kaisergranat kaufen möchte, geht in die Vismijnstraat. Man sagt, es gibt Fischgeschäfte und es gibt »Westhinder«. Morgens scheint es, die großen Theken könnten das riesige Angebot kaum fassen, doch wer abends noch einmal kommt, kann feststellen, was alles an einem Tag verkauft wurde: ganze Fische und Filets, Sprotten, Heringe, Schillerlocken, Makrelen, Seewolf, Kabeljau, Knurrhahn, Seeschnecken, Miesmuscheln und das Küstengemüse Queller. Außerdem gibt's Fischsalate aller Art, Bisque und Garnelenkroketten und sogar den passenden Wein zum Hummer. Der »Westhinder« rühmt sich zu Recht, das »kompletteste« Angebot an der Küste vorzuhalten.

»Westhinder« ist auch der Name des ehemaligen Feuerschiffs am Ende des Docks. Es war zusammen mit einem russischen U-Boot Teil des Museums Seafront und kann hoffentlich bald wieder besichtigt werden.

Adresse Vismijnstraat 20, 8380 Zeebrugge, Tel. +32 (0)50/544147, www.dewesthinder.be | ÖPNV Kusttram Linie 0, Haltestelle Zeebrugge Kerk | Öffnungszeiten Mo–So 9–18 Uhr, Di geschlossen | Tipp Wer rund um das Dock geht oder fährt, erreicht das Visserskruis. Von dort hat man einen guten Blick über das ganze Hafengelände.

29 Der Fleck

Die schwarze Mahnung am Rathaus

Eigentlich ist die Blinde-Ezelstraat nur eine kleine Verbindungsgasse, aber die meisten Touristen können sich kaum entscheiden, wohin sie ihren staunenden Blick als Erstes wenden sollen, so schön ist sie. Die kurze Straße ist selbst eines der meistfotografierten Motive in der ganzen Stadt und verbindet das Gros der touristischen Hotspots miteinander. Sie führt zwischen dem Rathaus und dem Brügger Freiamt hindurch vom Burgplatz zum Vismarkt. Ein Prunkstück der Stadt liegt hier neben dem anderen.

Die berühmte Galerie des Brügger Freiamts (Brugse Vrije) mit ihrem malerischen weiß und golden strahlenden Rundbogen wurde 1528 bis 1532 errichtet und zu Beginn dieses Jahrtausends umfassend renoviert, damit sie wieder in ihrer ganzen Pracht erstrahlen kann. Wer nun vom Burgplatz kommend unter dem Bogen hindurchgeht und auf halbem Weg zur Brücke nach rechts auf die Seitenwand des Rathauses schaut, der entdeckt dort ein schwarzes Mauerquadrat. Kein Schild erklärt, was es damit auf sich hat. Dabei macht gerade dieser unscheinbare Fleck Wesen und Zweck von Denkmalschutz und Stadtplanung deutlich. Das kleine Mauerstück wurde bei einer Restaurierung in den 1970er Jahren absichtlich nicht gereinigt. Es legt stummes Zeugnis davon ab, wie verschmutzt die Rathausfassade durch jahrzehntelangen Autoverkehr in dieser engen Straße war. Ein Fleck als Mahnmal. Denn so sähen alle Denkmäler und Bauwerke der Stadt aus, hätte man das Zentrum nicht zur autofreien Zone erklärt. Eine Tafel zur Erklärung wäre da durchaus hilfreich. So ist der Fleck im wahrsten Wortsinn ein Denkmal – wenn er denn überhaupt wahrgenommen wird.

Der Name der Straße geht zurück auf ein Gasthaus namens »Den Blinden Ezel«, das es hier im 15. Jahrhundert gab. Früher hat man den Eseln, die in Tretmühlen die Laufbänder zwischen Mälzerei und Brauerei antrieben, die Augen verbunden, um zu verhindern, dass sie scheuten.

Adresse Blinde-Ezelstraat, 8000 Brügge | **ÖPNV** Bus 4, 6, 14, 16, 88, Haltestelle Vismarkt | **Tipp** Im Freiamt sollte man den Schöffensaal mit dem Prunkkamin zu Ehren Kaiser Karls V. gesehen haben, im Rathaus ist der gotische Saal mit seinen Gobelins und dem Minnesängerbalkon ein absolutes Muss.

30 Die Frittenbude

Die hohe Kunst der Zubereitung von Kartoffelstäbchen

Belgien ist bekannt für seine großartige Küche. Fast 800 Restaurants listet der »Guide Michelin« in dem kleinen Land, davon 23 in Brügge. Die Belgier lieben gutes Essen, und sie verstehen etwas davon. Selbstverständlich gehören *friet*, so heißen hier die Pommes frites, dazu. Vorausgesetzt, sie werden richtig zubereitet, und das ist nicht trivial, sondern eine Kunst.

Es beginnt mit der idealen Kartoffelsorte (»Bintje« oder »Agria«) und dem richtigen Schneiden (von Hand), dann muss das Fett (Rinderfett – belgische Fritten sind nicht vegan!) täglich frisch sein, es gilt, die korrekte Temperatur zu beachten, und frittiert wird in zwei Durchgängen. Nach dem ersten müssen die Stäbchen leicht abkühlen, dann werden sie zum Bräunen in höher temperiertes Fett gegeben. Einmaliges oder zu heißes Frittieren hätte zur Folge, dass die *friet* entweder nicht gar sind oder schwarzbraun. Kein Belgier würde das für essbar halten. Zu den Geheimnissen gehört zudem, beim zweiten Backen kleine Portionen in den Korb zu legen, weil die Stäbchen bei zu engem Kontakt keine krosse Kruste bilden können. Wenn das alles erfüllt ist, dann und nur dann handelt es sich um echte *friet,* die Meilen entfernt sind von jeglichem industriell hergestellten Fast Food. In einer guten *frituur* (Frittenbude) oder *fritkot* kommen sie in eine Papiertüte, weil die mehr Fett aufsaugt als die vielerorts üblichen Plastikschalen.

Was nun die beste *frituur* angeht, sind die Meinungen in einem Land mit über 4.600 Frittenbuden naturgemäß geteilt. Wichtig ist neben der Qualität der Pommes, dass es viele Saucen, ebenfalls hausgemacht, gibt. Gute Saucen sind das A und O, sie machen den Unterschied. Empfohlen sei die »Frituur Godfriet« (Oostmeers 126). Wer sich traut, zwischen zwei namhaften Restaurants Fritten anzubieten, muss gut sein. Generell gilt: Gute *friet* findet man eigentlich immer dort, wo die Leute mittags Schlange stehen. Ansonsten gilt an dieser Stelle tatsächlich, Probieren geht über Studieren.

Adresse Frituur Godfriet: Oostmeers 126, 8000 Brügge, Tel. +32 (0)50/331120 | **ÖPNV** Bus fast alle Linien, Haltestelle Brugge Station | **Öffnungszeiten** Mi–So 11–14.30 und 17–22 Uhr | **Tipp** Viele Jahre wurden die Kochkünste von Geert van Hecke mit drei Michelin-Sternen prämiert. Dann setzte sich van Hecke kleiner, ganz sicher, ohne das Kochen zu verlernen. Überzeugen kann man sich davon im »Zet'Joe« (Langestraat 11) und im »Bistro Refter« (Molenmeers 2).

31_Das Fürstenviertel

K(l)eine Konfusion im Keizer Karel Kwartier

Das Wohnviertel Keizer Karel Kwartier am Altstadtrand, direkt am Kanal gelegen, ist bürgerlich-gediegen und eines der schönsten von Brügge. Entstanden ist es in den ersten 30 Jahren des 20. Jahrhunderts. Obwohl stilistisch von Art déco bis zu eklektischem Neo-Rokoko wild gemischt, macht das Gesamtbild einen homogenen Eindruck. Die Pläne für das Viertel entwarf, ausgehend vom quadratischen Graaf Visartpark, der rheinische Architekt Josef Stübben (1845–1936), von dem die Kölner wie auch die Düsseldorfer Ringe stammen. Ein Spaziergang führt von den Springbrunnen im Vesten-Kanal aus vorbei an Dutzenden bildschöner denkmalgeschützter Gebäude.

Die Straßennamen bilden die direkte Genealogie des burgundischen Fürstenhofes ab: Philipp der Gute, Karl der Kühne (Karel de Stoute), Maria von Burgund und deren Enkel Kaiser Karl V. Die gesamte Familie, in Flandern geboren und aufgewachsen, war hochgebildet und mehrsprachig. Einzig Karl, zu Aachen gekrönter Kaiser des Heiligen Römischen Reiches Deutscher Nation, sprach kaum ein Wort Deutsch. Dafür ging im Reich des Habsburgers die Sonne niemals unter.

Viele der Bürgervillen in der Keizer Karelstraat tragen Namen: Haus »Klauwaert« (Nr. 9) im Neo-Brügger-Stil stammt aus dem Jahr 1908; das neobarocke Haus »De Spinster« (Nr. 25) wurde ein Jahr später erbaut, erhielt seinen großen Erker aber erst 1927; das wuchtige Herrenhaus mit Eckturm genau gegenüber heißt »Hof van Burgoner« und wurde 1910 fertiggestellt, und das Haus Nr. 31, »De Toekomst« (Die Zukunft), besitzt eine Giebelspitze in Pseudofachwerk. Im Art-déco-Stil ist das Haus Nr. 31 errichtet (wie auch in der Gouden-Boomstraat die Häuser 8, 20 und 49). Das sehr auffällige Relief an der weißen Villa Nr. 99 zeigt übrigens nicht den Namensgeber der Straße, sondern Karl den Guten (1082–1127), der 1884 heiliggesprochen wurde und als Schutzpatron gegen Fieber gilt.

Adresse Keizer Karelstraat, 8000 Brügge | **ÖPNV** Bus 3, 13, 31, 33, 35, 47, 89, 92, Haltestelle Keizer Karel | **Tipp** Das Schwimmbad »Jan Guilini« ist kaum als solches zu erkennen. Auf der Keizer Karelstraat ähnelt es einer Fabrik, auf der Lauwerstraat einem Wohnhaus. Eine Plakette neben der Kasse erinnert an den belgischen Schwimmer und Widerstandskämpfer Jan Guilini, der 1944 in Sachsenhausen ermordet wurde.

32 Der Garten

Schönheit, Ruhe und ein Denkmal

Den Namen Guido Gezelle (1830–1899) kennt außerhalb von Flandern kaum jemand. Flamen gilt der Sohn eines Gärtners jedoch als der bedeutendste Dichter des 19. Jahrhunderts. Sein Geburtshaus im Nordosten von Brügge ist heute ein Museum. Es zu besuchen lohnt sich, und sei es nur wegen des zauberhaften alten Gartens: eine Hälfte parkähnlich angelegt mit altem Baumbestand und Rasenfläche, die andere ein Bauerngarten mit Nutz- und Zierpflanzen. Von ihrem Metier müssen die Eltern Gezelle, zu arm, um dem Sohn eine Schulausbildung bezahlen zu können, viel verstanden haben. Der überraschend große Garten ist von einer Mauer umschlossen und so von außen nicht einsehbar. Eine »Ode an die Natur« nannte ein Kritiker pathetisch den Garten, was sich anbietet, weil die Natur auch die wichtigste Inspirationsquelle des Dichters Gezelle war.

Mit 24 Jahren wird Guido Gezelle zum Priester geweiht und bekommt eine Anstellung als Lehrer in Roeselare. Er beginnt Gedichte zu schreiben, im als bäuerisch verachteten flämischen Dialekt seiner Heimat. 1860 geht er wieder nach Brügge, unterrichtet noch eine Weile und wird 1865 Kaplan von Sint-Walburga am Sint-Maartensplein. Weil er in seiner Dichtung Sympathie für die Arbeiterklasse erkennen lässt, verbannt ihn der Bischof nach Kortrijk. Die flämische Sprache zu verteidigen konnte zur Not verziehen werden, im erbitterten Kampf der katholischen Kirche um die Hoheit über die Schulausbildung im jungen Staat Belgien auf der »anderen Seite« zu stehen nicht. Erst in seinem Sterbejahr 1899 kehrt Gezelle nach Brügge zurück und wird Rektor des Englischen Klosters, keine 300 Meter Luftlinie von seinem Geburtshaus entfernt.

Betritt man den Garten, sieht man als Erstes die Statue eines goldenen Mannes, der sich mit dem Mantel gegen den Wind schützt, um eine Zigarette anzuzünden. Ein Werk des umstrittenen belgischen Künstlers Jan Fabre.

Adresse Gezellehuis, Rolweg 64, 8000 Brügge, Tel. +32 (0)50/448743, www.museabrugge.be | **ÖPNV** Bus 6, 16, Haltestelle Kruispoort | **Öffnungszeiten** Di–So 9.30–12.30 und 13.30–17 Uhr, Mo geschlossen | **Tipp** Ein Spaziergang vom Rolweg durch die Albrecht Rodenbach- und Hugo Verrieststraat führt in eine beschauliche bürgerliche Wohnsiedlung mit kleinen Vorgärten im englischen Stil und schmiedeeisernen Zäunen vor jedem Haus.

33 Die Gedenkstätte

Erinnerungskultur am Gerichtsgebäude

In der Nähe des alten Stadttors Kruispoort lag früher eine Kaserne, nach der die Uferstraße (Kazernevest) benannt ist. Sie wurde 1980 abgerissen, an ihrer Stelle steht heute das Gerichtsgebäude. In einem Garten auf dem Gerichtsgelände erinnern 13 Säulen entlang einer Mauer an die Männer, die hier zwischen 1914 und 1916 von den deutschen Besatzern erschossen wurden. Man hatte sie wegen Kollaboration mit dem Feind zum Tode verurteilt.

Nach dem Krieg gestaltete der Stadtarchitekt Salmon die Gedenkstätte, eingeweiht wurde der »Hof der Gefusilleerden« am 7. Mai 1922. Damals wurden die Einschusslöcher als Mahnung in der Mauer erhalten, aber die Wand wurde 1938 verändert. An ihrer Rückseite finden sich weitere Gedenktafeln, ebenso an der Außenfassade des Gerichtsgebäudes und der seitlichen Mauer des Exekutionshofs.

Die Hinrichtungen mussten jeweils in Anwesenheit von zwei Zeugen erfolgen, die Mitglieder des Brügger Stadtrates waren. Zwei Todesurteile wurden nicht vollstreckt, die anderen 13 Verurteilten wurden wegen aktiver Beihilfe füsiliert: August Sucaud, ein französischer Zeitungsverkäufer, wurde am 4. Dezember 1914 hingerichtet. Am 17. September 1915 wurden erschossen: Albert Achtergael, Kapitän zur See aus Gent, René und Louis Van Eecken, Händler aus Blankenberge, der Bauer Emiel Van Verdeghem aus Aalter, der Maurer Prudent De Wispelaere aus Brügge sowie Ferdinand Slock aus Deinze. Am 8. Mai 1916, dem Tag der Heilig-Blut-Prozession, wurden drei Männer getötet: Jules Delaplace, pensionierter Wachmann aus Sint-Kruis, der Eisenbahner Charles Titeca aus Sint-Michiels und der Arbeiter Jules Desloovere aus Brügge. Am 28. Juli 1916 starb hier Kapitän Fryatt aus Dover, Kommandant eines britischen Handelsschiffs. Der Zeichner Abel Rivière aus Brügge und der Bauleiter Brion Leopold aus Wenduine, beide wegen »Spionage« festgenommen, wurden am 2. August 1916 hingerichtet.

Adresse Kazernevest 4, 8000 Brügge | ÖPNV Bus 6, 16, 88, Haltestelle Kruispoort | Öffnungszeiten Mo–Fr 8.30–12.30 und 13.30–16 Uhr | Tipp Der Ringkanal um die Altstadt wird weiterhin zum Warentransport genutzt. Beide Kruispoortbrücken sind daher – wie alle Brücken über die Ringvaart – Klappbrücken, damit große Lastkähne darunter passieren können.

34 Der Gegensatz

Die Doppelkirche am Burgplatz

Der Burgplatz ist das Zentrum, die Seele von Brügge. Freiamt, Rathaus und die Heilig Bloedbasiliek direkt nebeneinander: ein Zusammenspiel von Macht und Schönheit – und einiger Missverständnisse. Erstens ist der von Touristen gern fotografierte zweistöckige Bau aus anthrazitfarbenem Blaustein mit den acht goldenen Figuren mitnichten die berühmte Basilika, sondern »nur« die Fassade der Sint-Ivokapel. Das berühmte Gotteshaus befindet sich in dem Gebäude aus rotgelbem Backstein links daneben, direkt ans Rathaus anschließend. Zweitens ist der Sakralbau eigentlich eine sogenannte Doppelkirche, bestehend aus der oberen Heilig-Blut-Basilika und der Unterkirche Sint-Basiliuskapel. Und Sankt-Ivo dient als Treppenhaus für die beiden.

Die meisten Besucher gehen gleich und nur nach oben, um sich dort von der neugotischen Pracht der Heilig-Blut-Kapelle und der Reliquie aus dem 12. Jahrhundert schwer beeindrucken zu lassen. Sie verpassen dabei die romanische Unterkirche Sankt Basilius. Das älteste Gebäude am Platz, errichtet 1134–1157 im Auftrag des Grafen von Flandern Dietrich von Elsass (1099–1168), besticht durch die karge Schlichtheit der Romanik und strahlt enorme Ruhe aus. Im Wesentlichen unverändert, ist sie damit eine Rarität in Flandern – und außerdem der komplette Gegensatz zur prunkvollen Heilig-Blut-Basilika.

Dietrich von Elsass, den die Statue ganz rechts an der Außenfassade mit dem Schild des flämischen Löwen darstellt, war als Pilger und Kreuzzügler viermal in Jerusalem. Vom Zweiten Kreuzzug brachte er aus Konstantinopel die Phiole mit dem vermeintlichen Blut Christi mit, seither der kostbarste Schatz der Oberkirche. Die Reliquie – wie die meisten ihrer Art mehr auf Sage und Volksglauben denn auf Realität beruhend – wird erstmals im Jahr 1255 urkundlich erwähnt. Seit 1304 wird sie einmal im Jahr an Himmelfahrt in einer Prozession durch die Stadt getragen.

Adresse Burg 13, 8000 Brügge, Tel. +32 (0)50/336792, www.holyblood.com | ÖPNV Bus 1, 88, 91, Haltestelle Wollestraat | Öffnungszeiten täglich 10–17.15 Uhr | Tipp Auf die Terrasse des Restaurants »Opus Latino« (Burg 15) geht es durch eine kleine Passage und dann ein paar Stufen hinab durch Ter Steeghere. Hier genießt man den einzigartigen Blick auf die Rückseite der Heilig-Blut-Basilika und auf das verbliebene Endstück des Kanals Kraanrei.

35_Das Geheimnis

Hof Sebrechts oder der vergessene Park

Joseph Sebrechts (1885–1948) war nicht nur ein berühmter Chirurg, sondern hatte auch große Fortschritte auf dem Gebiet der Spinalanästhesie erzielt. Schon sein Urgroßvater, Corneille Sebrechts, war im Jahr 1793 für seine Verdienste um die Geburtshilfe geehrt worden, Joseph selbst wurde kurz vor seinem Tod von Elisabeth von Belgien als *Primus inter pares* ausgezeichnet. Die Königin hatte im Ersten Weltkrieg als Krankenschwester im Belgischen Roten Kreuz eng mit Sebrechts zusammengearbeitet. Und sie kannte aus eigener Anschauung den riesigen Privatpark, der zum Anwesen gehörte, das der begüterte Sebrechts im Jahr 1928 erworben hatte.

Auf diesem Areal, zuvor jahrhundertelang der ummauerte Klostergarten der »Grauen Schwestern«, ließ Sebrechts seinen Gärtnern freie Hand. Die legten einen weitläufigen Landschaftspark an, pflanzten Obstbäume und bauten drei beheizbare Gewächshäuser, um Weintrauben, Melonen und Südfrüchte anzubauen. Damals mehr als ungewöhnlich, ist davon heute leider nichts mehr zu sehen. Aber zum Glück ist der Park selbst erhalten geblieben und öffentlich. Obwohl beide Zugänge, der in der Beenhouwersstraat wie der in der Straße Oude Zak, gut an den imposanten Eingangstoren zu erkennen sind, ist der Garten nie voll, denn er ist immer ein Geheimtipp geblieben. 1958 wurde der Park an den belgischen Staat verkauft, der kein Interesse an der innerstädtischen Grünanlage hatte, sondern stattdessen ein Verwaltungszentrum bauen wollte. Die Planer zerstritten sich, der Prozess zog sich, der Park blieb. 1980 bekam die Stadt Brügge im Rahmen eines Flächentauschs den Park. Ein ebenfalls vorhandener Gemüsegarten fiel, wie auch die unterdessen unbrauchbaren Gewächshäuser, den städtischen Umgestaltungen zum Opfer. Heute befindet sich an ihrem Platz ein wenig genutzter Kinderspielplatz. Da Brügge wie alle mittelalterlichen Städte dicht bebaut ist, stellt dieser luftige Park etwas ganz Besonderes dar.

Adresse Eingänge: Oude Zak 36 & Beenhouwersstraat 20, 8000 Brügge | ÖPNV Bus 3, 9, 13, 23, 31, 33, 35, 41, 42, 43, 47, 93, Haltestelle Hoefijzer | Öffnungszeiten jederzeit zugänglich | Tipp Die besonders schönen grünen Stühle, die in diesem Park wie auch an anderen Orten der Stadt stehen, sind öffentliches Eigentum. Man darf sie an beliebiger Stelle auf- und zusammenstellen, solange sie im jeweiligen Park verbleiben. Es gibt insgesamt mehr als 700.

36 Die Gerechten

Das Rokokohaus der Familie De Meulemeester

De Meulemeester ist in Belgien und ganz besonders in Brügge ein mehr als schillernder Name. Viele Mitglieder der Bierbrauerfamilie haben eine bemerkenswerte Vita vorzuweisen. Die Palette reicht von Victor de Meulemeester (1866–1927), Mitbegründer der belgischen Arbeiterpartei und Senator, zu dessen Sohn André (1894–1973), der erst als »Adler von Flandern« und »Sergent Mystère« ein berühmter Kampfpilot im Ersten Weltkrieg war, um dann, posthum, als Maler Furore zu machen. Da sind außerdem die promovierte Juristin, Widerstandskämpferin und Gründerin der belgischen Pfadfinder Madeleine De Meulemeester (1904–1996) und die Wimbledon-Siegerin Josane De Meulemeester-Sigart (1909–1999) und nicht zu vergessen die Schönheitskönigin Ilse. Viel wichtiger aber ist: Sieben Mitglieder der Familie De Meulemeester tragen den Ehrentitel »Gerechte unter den Völkern«.

Gemeinsam mit ihrer Schwester Marcelle schloss sich Madeleine nach dem Überfall auf Belgien und der Besetzung durch die Nazis dem Widerstand an. Sie versteckten jüdische Kinder im Haus der Familie, einem kleinen Rokokopalast, direkt an der Kreuzung Sint-Annarei und Spinolarei. Aus dem Haus wurden auch klandestine Radioprogramme gesendet. Das Haus der Familie im Herzen von Brügge war Zentrum des Widerstands. Die Namen der »Gerechten unter den Völkern« lauten Madeleine, Marcelle, Charles, Georges, Betty, Jean und Josane De Meulemeester.

Ende der 1950er Jahre drehte Fred Zinnemann im Rokokopalais den Spielfilm »Geschichte einer Nonne«. Wie passend: Die in Brüssel geborene Audrey Hepburn spielt eine junge Belgierin, die unter großen Widerständen zur Nonne wird, um im Kongo als Krankenschwester zu helfen. Weil sie dort aber statt armen Schwarzen reichen Weißen helfen soll, kehrt sie nach Belgien zurück, um sich, nach dem Einmarsch der Deutschen, dem Widerstand anzuschließen. Und so schließt sich der Kreis.

Adresse Sint-Annarei 22, 8000 Brügge | ÖPNV Bus 4, 5, 7, 9, 14, 15, 17, 25, 90, Haltestelle Gouden-Handstraat | Öffnungszeiten nur von außen zu besichtigen | Tipp In derselben Straße, Haus Nr. 25, saß die Verwaltung des Betriebs der Familie De Meulemeester. Ihre Brauerei »Aigle« im Bereich Carmers-, Elisabeth Zorghe- und Ropeerdstraat ist abgerissen. Wohl steht noch das schöne Gebäude Sint-Annarei 17, in dem sich ehedem die Brauerei »Zum Hirsch« befand.

37 Das Gewölbe

Le Trappiste ist in jeder Hinsicht bemerkenswert

Die Trappisten, offiziell »Zisterzienser der strengeren Observanz« genannt, sind ein katholischer Orden, der nach der Regel des heiligen Benedikt lebt. Sie führen ein kontemplatives Leben, die meiste Zeit in Klausur, und folgen der Maxime »Ora et labora«. Über Jahrhunderte galt für sie, abgesehen von der Beichte, ein strenges Schweigegelübde. Das ist gemildert, aber weiterhin bestimmen Gebet und körperliche Arbeit den Rhythmus des Tages. Siebenmal täglich versammeln sie sich zum Stundengebet in der Klosterkirche oder dem Oratorium. Ansonsten produzieren Mönche wie Nonnen nach ökologischen Vorgaben Lebensmittel, vor allem Käse und Bier. Brauen ist eine wichtige Einnahmequelle. Als Trappistenbier darf allerdings nur der Gerstensaft bezeichnet werden, der von Mönchen gebraut und dessen Erlös für das Klosterleben und soziale Zwecke verwendet wird. Von den weltweit elf Trappistenbrauereien liegen fünf in Belgien, drei in der Wallonie und zwei in Flandern, letztere sind Westmalle und das noch berühmtere Westvleteren.

In der Brügger Kuipersstraat 33, etwas nördlich vom Markt, findet man das Bierlokal »Le Trappiste«. Und das trägt seinen Namen zu Recht, auch wenn Chef Regnier kein Mönch ist. Am späten Nachmittag öffnet es seine Tore. Dann geht es durch das schmale, niedrige Portal ein paar steile Stufen hinab in ein Kellergewölbe aus dem 13. Jahrhundert. Nur wenige Kirchen verfügen über eine vergleichbar schöne Krypta. Der Raum allein wäre schon einen Besuch wert, auch wenn er nie sakralen Zwecken diente. Es handelt sich um eine Bierkneipe der besonderen Art: Die Karte umfasst 120 handverlesene Biersorten, darunter ein speziell für dieses Lokal gebrautes, und natürlich auch Trappistenbiere. Die Schiefertafel über dem Tresen informiert über aktuelle »Gastbiere«, zum Teil echte Raritäten. Am besten lässt man sich vom Chef beraten und genießt, was er dann serviert.

Adresse Kuiperstraat 33, 8000 Brügge, Tel. +32 4 75455066 | **ÖPNV** Bus 20, 15, 90, Haltestelle Stadsschouwburg | **Öffnungszeiten** Mo, Di, Do 17–24 Uhr, Fr, Sa 17–1 Uhr, So und Mi geschlossen | **Tipp** In derselben Straße (Nr. 23) liegt das »Zwarte Huis« mit einer auffälligen spätgotischen Fassade aus dem Jahr 1482. Im Lokal mit hoher Holzbalkendecke und gewaltigen Kaminen wird gehobene Küche zu Livemusik serviert.

38 Die Gildehäuser

Die markanten Bauten auf der Steenstraat

Chroniken erwähnen die Steenstraat erstmals 1297, eben als die erste der Stadt, deren Sandboden mit Steinen gepflastert wurde. Auch damals führte sie vom Markt zu 't Zand und wurde von der Sint-Salvatorskathedraal überragt. Und auch damals schon ging man auf die Steenstraat zum Einkaufen. Hier gab es alles. Auf dem heutigen Simon Stevinplein wurde Anfang des 14. Jahrhunderts das Westvleeshuis errichtet, großes Schlachthaus und Sitz der Metzgergilde in einem. Bis zum Abriss 1819 dominierte der mächtige Bau den Platz. Andere Handwerkergilden folgten mit repräsentativen Sitzen in die zentrale Straße. Im Haus Nr 19, genannt »De Drie Meunycken« (Die Drei Müller), residierten die Bäcker, in der 25 mit Namen »De Grote Vos« (Der Große Fuchs) die Maurer, in der 38 die Zimmerer und die Schreiner und nebenan in der 40 die Schuhmacher.

Letzterer Prachtbau zeigt mittig unter 13 Giebelstufen einen blau-goldenen Stiefel als Symbol der Innung. Das Haus ersetzte 1527 einen Vorgängerbau. Ausnahmsweise lohnt hier das Betreten eines »McDonald's«, um die Deckenbalken und Kamine zu bewundern. Vom Haus der Zimmerer aus dem Jahr 1762 nebenan ist nichts erhalten. Die klassizistische Fassade mit Lorbeerkranz ist 100 Jahre jünger und das Gebäude selbst ein Neubau von 1985. In den Kartuschen auf dem renaissanceartigen Schweifgiebel am Haus der Bäcker sieht man die Zahlen 16 und 50. Da scheint bei der Renovierung ein Zahlendreher passiert zu sein, denn laut Liste der geschützten Baudenkmäler wurde es 1560 errichtet.

Bei Weitem der prächtigste Bau ist »De Grote Vos«, das Gildehaus der Maurer. Bei der Restaurierung 1884 wurde der Ursprungszustand von 1621 teils wiederhergestellt. An der rot verputzten Fassade – der das Haus wohl seinen Namen verdankt – prangen unterschiedliche goldene Säulen und Figuren, und die Halbbögen über dem Erdgeschoss zeigen Flachreliefs typischer Werkzeuge.

Adresse Steenstraat 19/25/38/40, 8000 Brügge | ÖPNV Bus 1, 4, 14, 88, 90, 91, Haltestelle Sint Salvatorskerk | Tipp Manche Bauten an der Steenstraat täuschen Alter nur vor, wie der Neobarockbogen mit Büste als Tor zur Kleine Sint-Amandsstraat, der erst vor knapp 100 Jahren errichtet wurde. Der weiß getünchte Giebel von Haus Nr. 84 stammt dagegen tatsächlich aus dem Jahr 1570.

39_Die Gotteshäuser

Von der Tradition, Armenhäuser zu stiften

Godshuizen nennt man in Flandern kleine, in Reihe oder häufiger um einen zentralen Hof herum errichtete Armenhäuser, die reiche Bürger oder Handwerkergilden seit dem 14. Jahrhundert stifteten, um sich wohltätig zu zeigen und sicher auch um des eigenen Seelenheils willen. Sie boten Alten, Witwen oder armen Familien ein Dach über dem Kopf. Viel mehr allerdings auch nicht. Die meisten Wohnungen waren nicht größer als anderthalb Zimmer. Über ganz Brügge verteilt sind rund 50 Gotteshaussiedlungen erhalten, natürlich inzwischen modernisiert. Die meisten dienen auch weiter ihrem ursprünglichen Zweck und werden vornehmlich von Alten bewohnt.

1480 ließen der reiche Kürschner Donaas de Moor und seine Frau Adriana de Vos 13 solcher *godshuizen* in der Boeveriestraat bauen: einheitlich weiß gekälkte zweistöckige Reihenhäuser für verarmte Handwerker und ihre Familien, je drei für Maurer, Zimmerleute und Küfer plus vier für die Bewirtschafter der benachbarten Krankenanstalt Sint-Juliaans. Die 13 Minihäuser bieten einen hübschen Anblick und sind bis heute bewohnt, bestehen nun aber aus sechs Wohneinheiten. Die hohen Satteldächer wurden ausgebaut, und in den rückwärtigen Gärten wurde ein neuer Raum pro Einheit angebaut.

De Moor, der sich auch der Sint-Jakobskerk gegenüber großzügig zeigte, hat die Wohltätigkeit kein Glück gebracht. Obwohl Mitglied des Magistrats, Schöffe und Schatzmeister, wurde er wegen Sympathien für Maximilian von Österreich 1482 aus Brügge verbannt und starb im Jahr darauf im Exil in Middelburg. 1487 wurde anlässlich seiner Grablegung in der Jakobskirche die berühmte »Missa de Sancto Donatiano« des flämischen Komponisten Jakob Obrechts uraufgeführt. De Moor und seine Frau sind auf den Seitenflügeln eines von ihnen finanzierten Triptychons des Meisters der Lucialegende verewigt, das heute im Museum Thyssen-Bornemisza in Madrid ausgestellt ist.

Adresse Boeveriestraat 52–62, 8000 Brügge | **ÖPNV** Bus alle Linien, Haltestelle 't Zand | **Öffnungszeiten** jederzeit von außen zu besichtigen | **Tipp** Die ältesten Gotteshäuser in Brügge stammen aus dem Jahr 1330. In das »Rooms Convent« gelangt man durch einen schmalen, stets offenen Torbogen in der Katelijnestraat. Die meisten Passanten gehen ahnungslos vorbei, wohl weil sie hinter dem Namen ein billiges Hotel vermuten.

40 Der Gouden-Handrei

Eine geschichtsträchtige Oase mitten in der Stadt

Der Kanal Gouden-Handrei und seine Umgebung sind, obwohl im Zentrum der Stadt, eine Oase der Ruhe, noch dazu bildschön und geschichtsträchtig, in die sich warum auch immer nur wenige Touristen verirren. Gelegen zwischen Spaanse Loskaai bei der Torenbrug und Spiegelrei bei der Gouden Handbrug, wurde er 1127/28 zusammen mit den Kanälen Augustijnen-, Speelmans-, Smeden- und Kapucijnenrei auf dem Lauf der ersten Brügger Stadtmauer gegraben und zunächst nach der nördlich gelegenen Pfarrei Sint-Gillis benannt. In diesem Viertel lebten die beiden größten Künstler der »Flämischen Primitiven«, Jan van Eyck (1390–1441) und Hans Memling (circa 1433–1494), und die Mehrzahl ihrer Schüler. Rund um die Sint-Gilliskerk und Gistelhof bis zum Langerei ist Brügge ganz bei sich. Die beiden berühmten Maler werden in diesem Viertel mit Denkmälern geehrt.

Hier schlug seinerzeit auch das ökonomische Herz von Brügge. Nahezu die halbe Straße Gouden-Handrei nahm damals das »Oosterlingenhuis« ein, das Haus der Kaufleute aus dem Osten, also der Deutschen Hanse. Es galt bei seiner Fertigstellung 1481 als eines der sieben Wunder von Brügge. Es reichte von Hausnummer 4, um die Ecke Oosterlingenplein (heute »Hotel Bryghia«) bis zum Krom Genthof 1. Allenfalls der runde Torbogen hier gibt eine Idee von Aussehen und Größe des Kontors, damals bedeutend höher und gekrönt von Türmen und Doppeladler. Einen besseren Eindruck vermittelt das Handelshaus von Kastilien und Leon (Nr. 16) in der parallelen Straße, der Spanjaardstraat. Zwar ist der mit Zinnen bewehrte Bau Ergebnis einer Restaurierung – das Original aus dem 14. Jahrhundert war ein ganzes Stockwerk höher –, aber so muss ein Gutteil des Quartiers ausgesehen haben. Auch am Spinolarei, wo die Straßen Oosterlingenplein, Genthof und Spanjaardstraat zusammentreffen, zeigt sich mit Zollamt und Poortersloge, wie reich die Stadt einst war.

Adresse Gouden-Handrei, 8000 Brügge | ÖPNV Bus 4, 14, 90, Haltestelle Gouden-Handstraat | Tipp Das Memling-Denkmal steht auf dem Woensdagmarkt und das Standbild für Jan van Eyck mitten auf dem nach ihm benannten Platz, dort, wo der Spinolarei unterirdisch weitergeführt wird.

41_Die Graffiti

Große Kunst im Fahrradtunnel

In Relation zu manch anderer Stadt ist Brügge nicht sonderlich stark mit Graffiti versehen. Das gilt gleichermaßen für Writings und Tags, die viele Menschen als Schmiererei und Vandalismus betrachten, als auch für ganz »offizielle« Murals und Stencils, die unterdessen häufig unter dem Begriff Street-Art als Kunst angesehen werden. Und das nicht allein von Jugendlichen. Aber natürlich findet man die gesprayten Bilder mit ein wenig Suchen auch auf den Mauern der alten Stadt.

Diejenigen, die Brügge auf dem Rad erkunden, schätzen den Fietsertunnel im Südwesten der Altstadt denn auch aus mehreren Gründen. Zum einen erspart er ihnen auf dem Weg zum Bahnhof und zum Radweg N 50 die gefährliche Querung der viel befahrenen Straße R 30. Aber es lohnt sich auch allein schon deshalb, die Unterführung zu nehmen, um die Graffiti dort anschauen zu können. Die Wände des Tunnels sind nicht einfach bunt, sie sind ohne Zweifel Kunstwerke. Ein Graffito – halb mit Schablone gefertigtes Stencil, halb frei gesprayt – sticht heraus. Es traut sich an eines der berühmtesten Gemälde der Welt heran und kopiert Jan van Eycks »Mann mit rotem Turban« (1433), im Original heute in der National Gallery London und wahrscheinlich ein Selbstporträt des berühmtesten Malers der Stadt. Der Sprayer muss also, so darf man annehmen, über ein gerüttelt Maß an Kunstverständnis verfügen. Und das Bild ist gut.

Richtig gut sind auch einige andere Paintings hier. Sie sind schon lange zu sehen, ohne dass sie übersprüht worden wären. Das liegt daran, dass sie international bekannten Künstlern wie JamzJamezon, Derm oder Daisone eindeutig zugeordnet werden können. Deren Werke zu übersprühen gilt in der Street-Art-Szene nicht unbedingt als Sakrileg, aber als sehr uncool. Mehr Werke von JamzJamezon finden Fans der Street-Art nicht weit von hier in der Hauwerstraat 3 sowie in der Sint-Clarastraat 46 und dem Gistelse Steenweg 88.

Adresse Fietsertunnel Hendrik Consciencelaan, 8000 Brügge | ÖPNV Bus alle Linien, Haltestelle Station/Bahnhof | Tipp An der Hauswand Westmeers 18 kann man das Mural »Tanz der Narren« von Stan Slabbinck bewundern. Für das bedeutendste Werk Jan van Eycks muss man gut 40 Kilometer nach Gent fahren. Dort, in der Sint-Baafskathedraal, steht der berühmte »Genter Altar«.

42 Die Hafenrundfahrt

Vom Tiefseehafen bis zum Windpark

Übersee- und Frachthäfen sind in erster Linie sehr imposant – Zeebrugge bildet da keine Ausnahme, aber vor allem hat der Hafen eine hochinteressante Geschichte.

Als Brügges natürlicher Meereszugang über das Zwin Mitte des 16. Jahrhunderts unrettbar versandete, kam die Schifffahrt zum Erliegen. Nach 400 Jahren verlor Brügge seine Bedeutung als Handelsmetropole und war nur noch Provinzstadt. Erst mit Beginn der industriellen Revolution wurden um 1860 ernsthaft Pläne für einen neuen Zugang zum Meer geschmiedet. Das Projekt umfasste einen Vorhafen am Meer, einen Kanal nach Brügge und einen kleinen Binnenhafen im Norden der Stadt. Die Arbeiten begannen 1896 unter Leitung der neu gegründeten Gesellschaft der Brügger Seefahrteinrichtungen und dauerten rund zehn Jahre. 1907 wurde der Hafen in Zeebrugge im Beisein König Leopolds II. offiziell eingeweiht. Gleichwohl blieb der Erfolg lange bescheiden, nicht nur wegen der Zerstörungen in den beiden Weltkriegen. Deutschland nutzte Zeebrugge im Ersten Weltkrieg für die Stationierung von Torpedo- und U-Booten. Erst Ende der 1950er Jahre begann der Hafen zu prosperieren und wurde mit der zunehmenden Globalisierung zum Drehkreuz für die Verschiffung von Containern, Autos und Gas.

Zeebrugge ist heute ein Tiefseehafen, in dem auch die größten Schiffe der Welt anlegen können. Die spannende Hafenrundfahrt mit der »Zephira« dauert 75 Minuten. Die Tour startet am Ende der Tijdokstraat, führt durch den Marinehafen für Privatyachten und Fischerboote, vorbei an der riesigen Pierre-Vandamme-Schleuse, am Terminal für Erdgas und Flüssiggas (LNG), dann zum Windpark und schließlich zur Seeschwalbeninsel. Man sieht Kreuzfahrt- und Baggerschiffe, während am Kai Containerschiffe gelöscht werden. An Bord gibt es Kopfhörer für die Audioführungen in mehreren Sprachen.

Adresse Tijdokstraat, 8380 Zeebrugge, Tel. +32 (0)59/706294, www.captainblue.be | ÖPNV Tram 0, Haltestelle Zeebrugge Kerk | Öffnungszeiten Juli, Aug. Mi–So täglich drei Fahrten um 11, 14 und 16 Uhr | Tipp Auch aus der Luft kann man sich einen Eindruck von den enormen Ausmaßen des Hafens verschaffen. Rundflüge über Zeebrugge und die Küste per Hubschrauber bietet »flyouts« in Knokke an. Günstiger ist es im Kleinflugzeug vom Flughafen Oostende aus (www.nzvc.be).

43 Das Heiligenmuseum

Ob Fieber, Pest oder verlorener Schlüssel – es gibt Hilfe!

Brügge ist so pittoresk, dass es bisweilen kitschig wirken kann. Wer dafür kein Faible hat, der sollte Lissewege unbedingt meiden. Das »weiße Dorf« gehört wie Zeebrugge zur Gemeinde Brügge und liegt inmitten von Polderwiesen am Kanal, der zum Meer führt. Die Bahn braucht eine Viertelstunde für die Strecke, mit dem Rad, ob in der Sommersonne oder im herbstlichen Nebel, ist es deutlich schöner und in 30 bis 45 Minuten auch geschafft.

Lissewege zählt zu Recht zu den zehn schönsten Orten des Landes. Ein Besuch des kleinen Dorfs sei zudem allen empfohlen, die sich für Kunst interessieren. Es gibt mehrere Galerien und Ausstellungen sowohl im Bahnhofsgebäude als auch im alten Schleusenhaus »'t Vaartje«, in dem auch Werke sehbehinderter Künstler gezeigt werden, und im Sommer präsentieren Bildhauer in ganz Lissewege ihre Werke.

Und dann ist da noch im Schatten der Onze-Lieve-Vrouw-Bezoekingskerk, Scheldegotik aus dem 13. Jahrhundert, das einstige Pfarrhaus mit einem privat betriebenen und finanzierten Museum, das einzig und allein Heiligen gewidmet ist: sage und schreibe 200 Figuren von Schutzheiligen und Namenspatronen, die hauptsächlich aus Kirchen und Klöstern stammen und aus verschiedenen Materialien wie Holz, Ton und Gips gefertigt sind. Vertreten sind sehr bekannte Namen, wie der heilige Bernhard oder die heilige Barbara, Schutzpatronin unter anderem der Bergleute, Totengräber, Metzger und Buchhändler, angerufen bei Fieber, Feuersbrunst und Pest, und auch weniger bekannte, nur im regionalen Volksglauben andächtig verehrte Heilige. Zu jeder Statue gibt es Erklärungen, auf welches Ereignis die Verehrung zurückzuführen ist, welche Attribute dem oder der Heiligen zugeschrieben sind und natürlich, was er oder sie bewirken soll. Die Sammlung wächst weiter und freut sich auch über Schenkungen. Sollte man also zu Hause für einen Heiligen keine Verwendung haben: gerne mitbringen!

Adresse Oude Pastoriestraat 5, 8380 Lissewege, www.lissewege.be | ÖPNV Bahn Linien L/P, Haltestelle Lissewege | Öffnungszeiten Juli, Aug. Fr–So 14–17 Uhr, ratsam ist vorherige Absprache per Telefon +32 (0)495/387095) oder per E-Mail (vvv-lissewge@hotmail.com) | Tipp Sonntagnachmittags um 16 Uhr erklingen die 18 Glocken der Kirche zum Konzert. Zum Repertoire gehört auch eine Vielzahl von Volksliedern. Alljährlich an einem Wochenende im August wird das große Lisseweger Lichterfest begangen.

44_Die Heimsuchung

DIT HUYS / VISITATIE / GHENAEMT

Geht man die Wulfhagestraat entlang, sticht kurz vor der Sleutelbrug eine Fassade mit vier ausnehmend schönen Treppengiebeln ins Auge. Der eindrucksvolle Backsteinbau (Nr. 18), dessen Grundmauern aus dem 13. Jahrhundert stammen, verspricht bereits von außen viel Historie. Angeblich soll damals Jan Breydel, der Anführer des Brügger Aufstands gegen den französischen König, hier gelebt haben. Wie auch heute noch leicht zu erkennen waren es ursprünglich zwei eigenständige Häuser, bis sie 1766 zusammengelegt und fortan von Brügger Patrizierfamilien bewohnt wurden. Sein heutiges Aussehen verdankt das Ensemble der grundlegenden Renovierung von 1897 durch den belgischen Industriellen Jean de Brouwer.

Der linke Gebäudeteil ist ein Stockwerk höher und trägt nur einen Giebel, der erheblich breiter ist als die zur Rechten. Zudem ist er mit einem verzierten Erker versehen. Die Inschrift in den Kartuschen oberhalb der Fenster im zweiten Stock lautet: *»Elck vogel pryst zyn nest / en die is hem alderbest«*.

Die drei Giebel daneben scheinen auf den ersten Blick identisch, unterscheiden sich aber sowohl in der Zahl der Stufen (5 - 7 - 7) als auch in der Ausgestaltung. In zweien sind Flaschenzüge und Tore zu den Lagern dahinter erhalten. Am mittleren Giebel verweist eine Inschrift auf den Namen des Hauses: *Dit huys / Visitatie / ghenaemt.* Gemeint ist damit das christliche Fest der Mariä Heimsuchung. Ein Relief neben der hölzernen Eingangstür zeigt die biblische Szene, in der die schwangere Maria ihre Cousine Elisabet besucht, dazu in lateinischer Sprache der Text: »Gebenedeit seist du unter den Frauen und gebenedeit sei die Frucht deines Leibes.« Viele Künstler von Giotto bis Raffael haben die Szene gemalt. Das Relief ähnelt dem Holzschnitt von Dürer.

Das gesamte Haus ist mit Mobiliar aus dem 16. Jahrhundert ausgestattet und kann an zwei Vormittagen in der Woche besichtigt werden.

Adresse Wulfhagestraat 18, 8310 Brügge, Tel. +32 (0)50/331350, www.devisitatie-lavisitation.be | ÖPNV Bus 1, 4, 6, 11, 12, 14, 16, 88, 90, 91, Haltestelle Sint-Salvatorskerk | Öffnungszeiten Di, Do 10–12.30 Uhr (nur nach vorheriger Vereinbarung!) | Tipp Auf dem Marktplatz erinnert eine Statue an die revolutionären Anführer des flämischen Aufstands im Jahr 1302, Jan Breydel und Pieter de Coninck. Der Ehre nicht genug: Seit 1998 trägt das Brügger Fußballstadion den Namen Jan Breydel.

45 Die Holzfassaden

Zwei Außenansichten aus dem Mittelalter

Wie auch andernorts gab es im Mittelalter in Brügge städtische Bauvorschriften, die dem Brandschutz dienten. Reet- und Strohdächer waren bereits im 13. Jahrhundert strikt verboten, doch erst im 17. Jahrhundert wurde der Bau von Holzhäusern offiziell untersagt, vor allem von Holzfassaden. Dahinter verborgen blieb Fachwerk an vielen Stellen die übliche Bautechnik. Zwar ist Holz entgegen landläufiger Vorstellung gegen Feuer durchaus widerstandsfähig, aber die mit Brettern verkleidete Außenhaut erzeugte gerade in den engen, verwinkelten Straßen die große Gefahr, dass Flammen fast unkontrollierbar von Fassade zu Fassade überspringen konnten.

Offiziell sind im Stadtkern von Brügge lediglich zwei mittelalterliche Holzfassaden authentisch erhalten. Der spätgotische Bau im Genthof 7 präsentiert zur Straße hin seinen Ziergiebel mit einem Fenster und einer Doppelfensterreihe im Stockwerk darunter; das Haus im Kortewinkel 3 zeigt dagegen die Längsseite des Spitzdaches mit einer kleinen Gaube darin. So unterschiedlich die Fassaden der beiden Häuser auch sind, schaut man genauer hin, lässt sich eine Gemeinsamkeit finden: Beide sind nicht glatt und plan, sondern in Absätzen konstruiert, sodass ein Stockwerk immer über das darunterliegende herauskragt. Das diente aber nicht dem Brandschutz und schaffte auch kaum nennenswert mehr Platz, sondern so wurde dem Verrotten der Holzverkleidung durch Regenwasser vorgebeugt.

Wer mit offenen Augen durch die Altstadt geht, kann noch weitere hölzerne Fassaden entdecken. Die sind aber allesamt jüngeren Datums wie in der Vlamingstraat 38–40 und zeigen nicht zur Straße, sondern zur Wasserseite hin, etwa die Rückseite des Hotels »Bourgoensch Hof« und die des B&B »Bonifacius« zum Bakkersrei. Und dann ist da noch der grandiose hölzerne Torbogen, den nur sieht, wer den Hof des Gruuthuse-Museums in Richtung Dijver und Gruuthusebrug verlässt.

Adresse Genthof 7, Kortewinkel 3, 8000 Brügge | **ÖPNV** Bus 4, 14, 90, Haltestelle Jan van Eyckplein | **Tipp** Apropos Holz: Im Rodenonnenpark (Katelijnestraat 105) gibt es ein gelungenes Beispiel moderner Holzarchitektur (teils Studentenwohnheim, teils Sozialwohnungen) zu entdecken, erbaut auf den Fundamenten uralter Klostermauern. Wer sich auf die Suche begibt, findet außerdem zwei schöne versteckte Gärten.

46__Der Holzkran

Die Replika eines mittelalterlichen Krans

An einem kleinen, längst außer Dienst gestellten Hafenbecken nahe der Dampoort steht der Nachbau eines Holzkrans. Genauer gesagt handelt es sich um die Miniaturausgabe eines Tretradkrans, wie er als Hebewerkzeug für Schwerlast seit 1288 für den innerstädtischen Hafen Brügges belegt ist. Die Technik ist wesentlich älter. In Griechenland wurden Kräne mit Seilwinden und Flaschenzügen bereits 600 Jahre vor Christus als Ersatz für Rampen eingesetzt. Im antiken Rom wurden mit solchen Konstruktionen Lasten von sechs Tonnen und mehr bewegt. Dann kamen die Tretradkräne aus der Mode, um im Mittelalter wiederentdeckt zu werden, speziell in Häfen. Der Brügger Hauptkran ist in Hans Memlings »Triptychon mit Johannes dem Täufer und Johannes dem Evangelisten« (1479) im Hintergrund abgebildet.

Auf einem drehbaren Bock ist ein Ausleger montiert, dessen Seilwindewerk von zwei seitlichen Treträdern betrieben wird. In den Tretmühlen schufteten Windenknechte. Bei Großbauten wie Kirchen und Domen waren das hochbezahlte Fachkräfte, weil die Arbeit so schwer und gefährlich war. In Häfen wurden dagegen häufig auch sogenannte Kranenkinder eingesetzt. Besondere Gefahr bestand beim Ablassen der Lasten. Machten die sich, beschleunigt durch ihr Eigengewicht, selbstständig, kamen die Knechte im Laufrad buchstäblich ins Schleudern, bisweilen auch ums Leben.

Der ehemalige Standort des Brügger Krans heißt bis heute Kraanplein, obwohl dort kein Wasser mehr zu sehen ist. Allerdings: Würde man graben, bekäme man schnell nasse Füße. Am nur scheinbar toten Ende des Spinolarei ist linker Hand ein Gitter zu sehen. Und dort, unter der heutigen Straße Kraanrei, fließt auch weiterhin der alte Kanal. 1793 bis 1795 wurde er teils zugeschüttet, teils überbaut. Er verläuft aber weiter unterirdisch hinter den Häusern der Vlamingstraat zum Rozenhoedkaai, wo er hinter der Heilig-Bloedbasiliek wieder ans Tageslicht kommt.

Adresse Wulpenstraat 17, 8000 Brügge | **ÖPNV** Bus 4, 90, Haltestelle Sasplein | **Tipp** Ganz in der Nähe (Wulpenstraat 47) liegt auf einer Industriebrache das »House of Time«, eine Art Kreativspielplatz mit Baumhaus und begehbarem Wassertank. Entstanden im Rahmen der Brügger Triennale 2018, ist er insbesondere für Kinder eine Attraktion.

47 Das Hospital

Sint-Jan ist ein ganzes Stadtviertel

Schon vor 1150 wurde ein erstes Sint-Jan als Herberge für Pilger und Arme gegründet. Einige Jahrzehnte später war daraus ein Krankenhaus geworden, in dem sich Ärzte und eine für die Pflege zuständige Laienbruderschaft um die Patienten kümmerten. Das Sint-Janshospitaal gehört damit zu den ältesten Krankenhäusern Europas. Drei Krankensäle aus der Gründungszeit sind bis heute erhalten. Sie sind Teil eines Komplexes, in dem sich Apotheke, Klöster und Kirchen um einen Hof gruppieren, und wurden zu Beginn des 13. Jahrhunderts an der Straße Richtung Gent errichtet: Das Ensemble ist eines der bedeutendsten Werke der Backsteingotik. Die Deckenbalken erlauben eine Datierung auf etwa 1230. Der monumentale Dachstuhl kann besichtigt werden.

Von der Mariabrug schaut man auf einen der drei ursprünglichen Krankensäle und das angrenzende Nonnenkloster. Der mittlere Saal beherbergt heute das Memling-Museum, der dritte grenzt an den Hofeingang von der Mariastraat aus. Das folgende Gebäude rechts vom Durchgang, heute als Apotheke bezeichnet und als Museum genutzt, war ursprünglich das Männerkloster.

Alle weiteren Bauten auf dem riesigen Areal wurden im Laufe späterer Jahrhunderte errichtet, um das Krankenhaus immer wieder den geänderten Anforderungen anzupassen. Das Sint-Janshospitaal war ein ganzes Viertel im Zentrum der Stadt, nahezu das gesamte Geviert zwischen Mariastraat, Goezeputstraat, Oostmeers und Zonnekemeers. Von der Brücke Zonnekemeers aus lässt sich das Ausmaß erkennen: Alles, was man sieht, gehörte zum Krankenhaus. Geschlossen wurde es erst 1977, nachdem in Sint-Pieters ein moderner Krankenhauskomplex entstanden war.

Heute sind in den Bauten gleich mehrere Museen untergebracht, unter anderem das Xpo Center, ein Kongress- und Museumszentrum – von Picasso bis Warhol. Außerdem gibt es verschiedene Restaurants mit Blick aufs Wasser.

Adresse Zonnekemeers, 8000 Brügge, Tel. +32 (0)50/476100, www.oudsintjan.be | ÖPNV Bus 1, 4, 6, 11, 12, 14, 16, Haltestelle O.L.V. Kerk | Öffnungszeiten jederzeit zugänglich, Memling-Museum: Di–So 9.30–17 Uhr | Tipp Die ehemalige Rijksnormaalschool in der Sint-Jorisstraat 69 ist einer der bedeutendsten neogotischen Bauten Brügges und stammt aus dem Jahr 1884. Heute kann man hier im »Confuciusinstituut Howest« unter anderem Chinesisch-Sprachkurse besuchen.

48 Der Hutladen

Vom Borsalino zum Barett

Die Ezelpoort ist eines der vier erhaltenen Stadttore von Brügge und außerdem eines der beiden, die vollständig von Wasser umgeben sind. Seit 1300 führt die Ezelstraat von hier nahezu gerade zum Augustijnenrei, überquert den Kanal mit der Ezelbrug und setzt sich nach einer scharfen S-Kurve als Sint-Jakobsstraat bis zum Markt fort. Das neogotische Bürgerhaus auf der Ecke Elisabeth-/Ezelstraat mit dem auffälligen Erkerturm täuscht sein Alter nur vor, gebaut wurde es 1902.

300 Jahre älter, obwohl es wirkt, als sei es jüngeren Datums, ist das ockerfarbene Haus Ezelstraat 120 mit dem Treppengiebel. Und völlig alterslos, obwohl vor über 30 Jahren gegründet, ist der zauberhafte Hutladen im Erdgeschoss, die »Chapellerie Baeckelandt«. Seit 1991 verkauft Inhaberin Frédérique Baeckelandt hier neben Klassikern ihre eigenen handgefertigten Hutkreationen. Und das Schaufenster und das Innere des Geschäfts sind ebenso sehenswert wie die Hüte selbst.

Ob nun für Hochzeit, Taufe oder Pferderennen, ob Pillbox oder Pork Pie, Cloche, Fedora oder Florentiner, mit oder ohne Schleier, ob Bänder oder Federn, es findet sich der passende Hut für jede Gelegenheit und jeden Kopf in so ziemlich jeder Farbe – oder er wird eben eigens angefertigt. Für die männliche Kundschaft sind Barett, Borsalino, Panama, Schläger und Stetson im Angebot, aber die Spezialität von Frédérique Baeckelandt sind ihre Eigenkreationen. Ob nun eher schlichte Kopfbedeckung oder aufsehenerregendes Unikat, wichtig ist in erster Linie, dass Trägerin und Träger sich damit wohlfühlen, nicht verkleidet, sondern geschmückt, um nicht zu sagen behütet. Also heißt es anprobieren und sich klug und geschmackssicher beraten zu lassen.

Für Frédérique Baeckelandt gehört das zum selbstverständlichen Service. Deshalb bittet sie auch ihre Kunden, vorab telefonisch einen Termin zu vereinbaren und ein wenig Zeit mitzubringen.

Adresse Ezelstraat 120, 8000 Brügge, Tel. +32 (0)50/337563 und +32 (0)472/306233 | **ÖPNV** Bus 5, 7, 9, 15, 17, 25, 41, 42, 43, 88, Haltestelle Ezelpoort | **Öffnungszeiten** nach Vereinbarung | **Tipp** Vom Basecap über Sonnenhüte bis zum Cabrioschal für Damen reicht das Angebot von »Petcap« (Geldmuntstraat 30a). Bei Brigitte Ganne im »toope hats« (Hoefijzerlaan 70) bekommt man außer handgefertigten Hüten aus Stroh, Fell oder Fischhaut auch Gardinen.

49 Das Industriedenkmal

Die ehemalige Turbinenhalle La Brugeoise

Industriedenkmäler sind sowohl in Brügge als auch im Umland ausgesprochen rar. Zwar war Belgien zu Beginn des 19. Jahrhunderts das erste Land der industriellen Revolution auf dem europäischen Kontinent – noch vor Deutschland –, aber an Brügge und Westflandern ist das weitgehend vorbeigezogen. Doch ein Denkmal gibt es: »La Brugeoise«. Die ehemalige Turbinenhalle einer Stahlhütte ist außen wie innen ein Schmuckstück. Heute wird sie als Lokalität für diverse Veranstaltungen genutzt.

1855 wurde unter dem Namen »Ateliers de construction, forges et aciéries de Bruges«, kurz »La Brugeoise«, das Werk im südlichen Stadtteil Sint-Michiels gegründet. Man produzierte neben Einzelteilen von Stahlkonstruktionen für Bahnhofshallen auch Eisen- und Straßenbahnwaggons. Die erste Tram wurde bereits im Jahr der Gründung ausgeliefert. In der Folge expandierte die Firma und fusionierte mehrfach mit anderen belgischen Eisenbahnfabriken. Wie groß das Gelände der Hütte einst war, zeigt eines der ehemaligen Eingangstore in der Baron Ruzettelaan 142 auf Höhe Lappersfortstraat auf der anderen Seite des Kanals Brügge–Gent. 1988 kaufte der kanadische Eisenbahnhersteller Bombardier das Werk, unterdessen selbst hundertprozentige Tochter des französischen Konzerns Alstom. Brügge ist weiterhin Produktionsstätte für Schienenfahrzeuge und sogenannte Traxx-Lokomotiven. Aber es wird bei Weitem nicht mehr so viel Platz gebraucht wie vor 100 Jahren.

Vor den modernen Montagehallen liegt die Turbinenhalle, ein mächtiger roter Backsteinbau aus dem Jahr 1912, ganz im Stil der Zeit. Ein freitragendes Dach mit verglastem First überspannt die Halle mit zwei Ebenen. Allein die obere hat eine Grundfläche von über 800 Quadratmetern. Wer nicht geladener Gast eines Events ist, muss sich mit der nicht weniger imposanten Außenansicht begnügen – oder eines der Konzerte besuchen, die hier regelmäßig stattfinden.

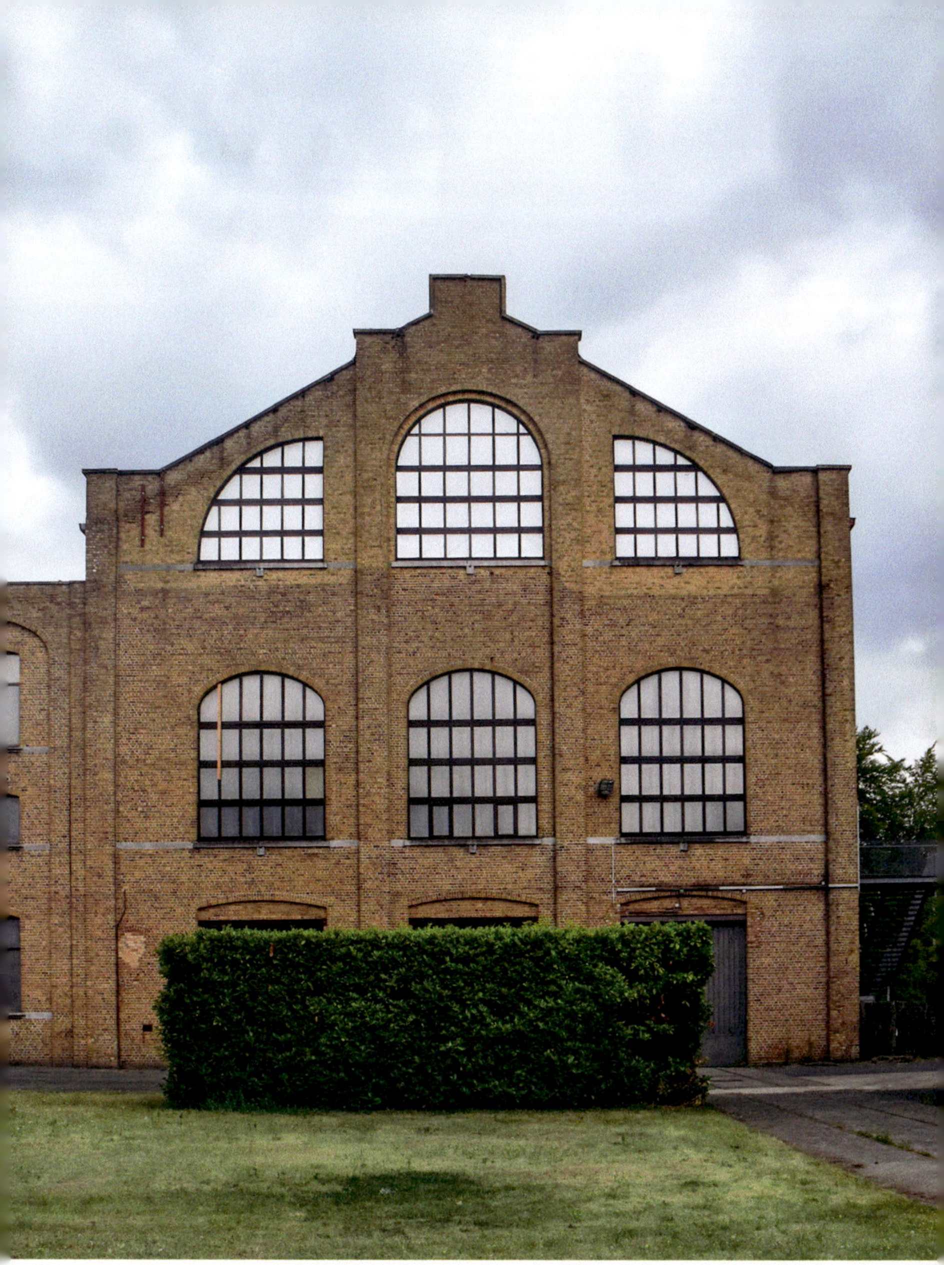

Adresse Vaartdijkstraat 5, 8200 Brügge, Tel. +32 (0)51/581010, www.labrugeoise.com | ÖPNV Bus 20, 21, 95, 96, Haltestelle Assebroek Brugs Kerkhofstraat | Öffnungszeiten von außen jederzeit zu besichtigen | Tipp Über die Straße Verbrand Nieuwland gelangt man in die Wohnsiedlung »De Gouden Boom«. So heißt auch die Brauerei, die an dieser Stelle 1455 erstmals belegt ist. So alt sind Mälzerei, Hochofen und Braukessel, die man hier besichtigen kann, allerdings nicht.

50__Der Innenhof

Grand Café und gemeinnütziges Kulturzentrum

Wie der unbefangene Gast »De Republiek« wahrnimmt, hängt nicht zuletzt davon ab, zu welcher Uhrzeit er das Lokal betritt. Tagsüber ist es ein modernes Grand Café mit begrüntem Innenhof. Serviert werden kleine Snacks und wechselnde Tagesgerichte, darunter immer mindestens ein veganes Angebot. Am späteren Nachmittag wandelt es sich zur Apéro-Bar mit Restaurant und am Abend zur Kneipe und Cocktailbar, häufig mit Musik und Partys. Der üppig begrünte Innenhof ist ein angenehmer Ort.

»De Republiek« befindet sich in der zentral gelegenen Sint-Jakobsstraat in einem mächtigen grauen Gebäude mit klassizistischem Bossenputz. Der Bau selbst stammt aus dem Jahr 1540 und gehört zum Komplex des alten Butterhauses (siehe Ort 17), auf das man vom schönen Innenhof aus blickt. Nach der vorübergehenden Nutzung als Konzerthaus stand die Immobilie lange leer und verfiel. Vor allem die Erdgeschosse waren in miserablem Zustand. 1994 schlossen der gemeinnützige Verein »De Kor Relatie« und die Stadt einen langfristigen Pachtvertrag, und das Gebäude wurde grundlegend saniert. Das Café öffnete 2015 seine Pforten, die vollständige Renovierung war erst drei Jahre später abgeschlossen.

Im Gesamtkonzept von »De Republiek« ist das Café Herzstück und Cashcow. Hier wird das Geld für Projekte des Vereins verdient, die von Kultur und Sport für benachteiligte Gruppen bis zu Gartenprojekten auf brachliegenden innerstädtischen Flächen reichen. Der Name »Republiek« ist Programm. Der Verein will sich einmischen in die Stadtpolitik und zeigt kulturelles Engagement. So bietet er zum Beispiel Ausstellungsräume für Künstler und betreibt das Programmkino »Lumière«. Man kann zudem Räume für Veranstaltungen und Diskussionen mieten. Alles in Selbstverwaltung. Für die Gäste des Cafés zählen naturgemäß vor allem Qualität und Service. So gut wie die sind, brauchen die anderen Projekte keine Angst um ihre weitere Finanzierung zu haben.

Adresse Sint-Jakobsstraat 36, 8000 Brügge, Tel. +32 (0)50/734764, www.republiekbrugge.be | **ÖPNV** Bus 3, 13, Haltestelle Sint-Jakobskerk | **Öffnungszeiten** Mo–So 12–1 Uhr, Di ab 15 Uhr | **Tipp** Zu den oft übersehenen Orten gehören die Muntpoort und der Muntplein. Auf dem Platz steht ein Reiterstandbild namens »Flandria Nostra«, das an Maria von Burgund erinnert. Die hochgebildete Fürstin, gleichberechtigte Ehefrau von Max I. von Österreich, starb im Alter von 25 bei einem Reitunfall. Ihr Prunkgrab ist in der Onze-Lieve-Vrouwekerk zu besichtigen.

51 Die Institutionen

De Halve Maan und Bourgogne des Flandres

Vor dem Ersten Weltkrieg gab es in Brügge sage und schreibe 34 Brauereien. Heute sind es noch vier, was bei 120.000 Einwohnern aber auch genügen dürfte. Zwei produzieren in der Altstadt und sind Institutionen im Leben der Bürgerschaft. Sie haben Trinkgewohnheiten und Stadtbild geprägt.

Die Brauerei »Bourgogne des Flandres« blickt zurück auf eine lange Geschichte, wobei sie ihren heutigen Sitz in der Kartuizerinnenstraat erst 2015 bezog. Das dunkelrote Spezialbier ist eine Mischung aus mehreren Lambics – saure, spontan gegärte Biere ohne Hefezusatz – und einem Dunkelbier. Um 1911 betrieb eine Familie van Houtryve drei Brauereien unter dem Namen »Bourgogne des Flandres« in Brügge, eine davon in der Wollestraat, keine 100 Meter von der heutigen Adresse entfernt, dort, wo jetzt das Hotel »Bourgondisch Cruyce« luxuriöse Zimmer vermietet.

Der Siegeszug der Pilsbiere machte nach den Weltkriegen vielen Kleinbrauereien den Garaus. Die letzte der Famile van Houtryve schloss 1957. Unter neuen Besitzverhältnissen kehrten 60 Jahre später Name, Tradition und das besondere Bier zurück – und das fast an die nämliche Stelle.

Und dann ist da »De Halve Maan« (Halbmond), über 500 Jahre Brautradition, seit 1564 nahezu durchgängig am selben Standort, dem Walplein. Mälzerei und ehemalige Abfüllanlage sind heute ein eindrucksvoller Schankraum. Neben guter Küche sind die Hausbiere »Straffe Hendrik« und »Brugse Zot« sowie ein Weißbier im Ausschank. Auch hier werden Führungen durch den Braubetrieb angeboten. Im Hofeingang gibt ein Sichtfenster im Boden den Blick frei auf ein echtes Unikat, die Bierleitung. Seit 2016 verläuft unterirdisch eine Doppel-Pipeline tief unter der Stadt, durch die das frische Bier aus der Brauerei am Walplein zur drei Kilometer entfernten Abfüllanlage am Waggelwater fließt. Das ist billiger und ökologischer als Tanklastwagen und außerdem eine echte Attraktion.

Adresse Bourgogne des Flandres: Kartuizerinnenstraat 6, 8000 Brügge, Tel. +32 (0)50/335426, www.bourgognedesflandres.be; De Halve Maan: Walplein 26, 8000 Brügge, Tel. +32 (0)50/444222, www.halvemaan.be | Öffnungszeiten Bourgogne des Flandres: Di–So 10.30–18.30 Uhr, Mo Ruhetag; De Halve Maan: So–Mi 11–18 Uhr, Do–Sa 11–21 Uhr | Tipp Die beiden weiteren Brügger Brauereien sind »Fort Lapin« am Koolkerkse Steenweg 32, unmittelbar hinter der Dampoort, sowie als Jüngste »Bryggja«, die ihren Sitz in Damme hat (Moerkerkebrug 3).

52 Der Jazzclub

Coole Musik und bodenständige Küche im 27Bflat

Bar, Restaurant, Gartenterrasse, Livemusik, Jazz und Blues, das alles ist »27Bflat« an fünf Abenden pro Woche (Mittwoch bis Sonntag). Interieur wie Küche sind klassisch-elegant, typisch belgisch eben. Das Publikum besteht mehrheitlich aus Einheimischen. Obwohl keine 300 Meter vom zentralen Marktplatz entfernt, scheint dies kein Ort für Touristen zu sein.

Warum eigentlich nicht? Ob an den Tischen vor dem Haus, auf der großen Gartenterrasse oder in den beiden Innenräumen des Restaurants, man sitzt auf jedem der 100 Plätze in der Beletage sehr gut. Der Service ist bestens, genau wie Getränke und Speisen, ob nun Snacks oder kleine Hauptgerichte. Dazu laufen Jazzklassiker von Nina Simone bis Miles Davis, Blues und Soul von Aretha Franklin bis Cassandra Wilson. Viel mehr brauchen Musikfans nicht, um glücklich zu sein. Bekommen sie aber, denn Inhaber Jan Dedeyne gelingt das Kunststück, jeden Freitag und Samstag Livekonzerte auf die Bühne im wunderbaren Kellergewölbe zu bringen plus ein drittes zum sonntäglichen Brunch im Barraum unter den Bildern von Satchmo, Miles Davis und Ray Charles. Newcomer und bekannte Namen finden sich im Line-up bunt gemischt, ebenso unterschiedliche Stilrichtungen: Dedeyne, selbst ein am Konservatorium ausgebildeter Pianist, achtet stets darauf, dass die Qualität stimmt. Das Kriterium heißt Niveau. Mit den Worten von Jan Dedeyne: »Ich könnte hier auch jeden Abend Klavier spielen lassen, aber wenn das nicht richtig gut klingt, dann ist bei uns erst die Atmosphäre und dann der Ruf kaputt.«

»Bflat« ist im Übrigen die im englischen Sprachraum – und deswegen im Jazz – übliche Bezeichnung für den Stammton H, also das italienische *si*. Die Zahl 27 leitet sich von der Hausnummer ab, denn seinen ersten Jazzclub eröffnete Dedeyne 2016 wenige Häuser weiter in derselben Straße. Das aktuelle Programm hängt im Fenster rechts der Tür aus, direkt unter E-Gitarre und Bass.

Adresse Sint-Jakobsstraat 15, 8000 Brügge, Tel. +32 (0)479/297429, www.27bflat.be | ÖPNV Bus 3, 13, Haltestelle Sint-Jakobskerk | Öffnungszeiten Mi, Do 18–1 Uhr, Fr 18–2 Uhr, Sa, So 15–24 Uhr | Tipp KAAP ist in Brügge ein Synonym für moderne Kunst in den Bereichen Tanz, Musik und Performance. Das Kunstzentrum hat zwei Stammhäuser, in der Werfstraat 108 und der Groenestraat 19b. Aufführungen finden aber auch an ungewöhnlichen Stätten wie zum Beispiel einem Hallenbad statt.

53 Die Jerusalemkirche

Die Privatkapelle der Familie Adornes

Die Jeruzalemkerk ist die Privatkapelle der ursprünglich aus Genua stammenden Kaufmannsfamilie Adornes. Sie wurde 1429 geweiht und ist im Hinblick auf Architektur und Reliquien von der Grabeskirche in Jerusalem inspiriert. Und sie ist authentisches Mittelalter. Das Mausoleum und die prächtigen Glasfenster wie die Reliquie des Heiligen Kreuzes sind einzigartig.

Alte Gemälde belegen, dass der kleine Platz an der Kreuzung von Jeruzalem-, Bal-, Peper-, Rodestraat und Molenmeers seit 1470 denselben Anblick bietet. In jenem Jahr erhielt die Kapelle ihr heutiges Erscheinungsbild. Damals erteilte Anselm Adornes nach einer Pilgerreise den Auftrag, eine Kapelle und Grablege auf dem Gelände der Familiendomäne zu einer Kopie der Grabeskirche in Jerusalem umzubauen. Der bestehende Backsteinbau wurde auf dem mittleren Turm mit einem zweistöckigen, achteckigen Holzgewölbe gekrönt. Das Jerusalemkreuz der heiligen Katharina mit Rad und Palme überragt seither den kupferbedeckten Bau. Die seitlichen Türme zeigen Sonne und Mond.

Im Inneren prägen byzantinische Einflüsse den ursprünglich gotischen Bau. Das jüngst renovierte Prachtgrab aus schwarzem Tournai-Marmor im Zentrum der Kapelle stammt aus dem Jahr 1483 und enthält die Gebeine von Anselm Adornes und seiner Frau Margareta van der Banck. Die Buntglasfenster mit Darstellungen von Familienmitgliedern samt ihren Schutzheiligen sind die ältesten der Stadt. Und dann die beiden Altare: Hinter dem unteren erhebt sich ein Steinfresko von 1485, das den Leidensweg auf Golgatha darstellt; auf dem oberen steht ein goldenes Kreuz, in dessen zentrales Tabernakel ein Splitter vom Kreuz Christi eingelassen ist. Unter den beiden Steintreppen, die zum Hochchor führen, gelangt man hinunter in die Krypta mit einer Nachbildung des Heiligen Grabes. Die Kapelle ist in 17. Generation im Privatbesitz der Familie Limburg-Stirum, eine Seltenheit in Belgien.

Adresse Peperstraat 3a, 8000 Brügge, Tel. +32 (0)50/338883, www.adornes.org | **ÖPNV** Bus 6, 17, Haltestelle Gerechtshof | **Öffnungszeiten** Mo–Sa 10–17 Uhr, Sa (im Sommer) 10–18 Uhr | **Tipp** Scottish Lounge und Privathaus der Familie Limburg-Stirum können besichtigt werden. Ebenso Volkskunde- und Spitzenmuseum in den Stiftungshäusern der Domaine. Im Antiquitätenshop *'t Apostelientje* findet man viel Spitze.

54 Das Kanalkreuz

Die Strobrug ist eine Fotofalle

Brügge ist ein Mekka für Fotografen. Die Fülle alter Bausubstanz, der tiefe flämische Himmel, viel Kunst und die Spiegelungen im Wasser der Kanäle sorgen für Bildmotive en masse. Und doch gibt es Orte, die aus diesem Überangebot noch herausragen. Ein solcher ist die Strobrug, in manchen Karten als Spinolareibrug verzeichnet. Sie liegt dort, wo Spinola-, Sint-Anna- und Langerei zusammenfließen. Von hier blickt man also auf drei Kanäle, dazu vier Brücken, wunderschöne Treppengiebelfassaden. Den Spiegelrei hinunter schaut man auf Koningsbrug und den Poorterslogen-Turm. Malerisch ist noch untertrieben. Besonders in der Dämmerung kann diese Szenerie eine Magie entwickeln, die mehr als nur einen Fotografen anzieht. Nicht schlecht ist auch die Aussicht von der Carmersbrug direkt nebenan, schon weil man nur hier die sehr flache Einfahrt in den Kanal Gouden-Handrei erkennen kann.

Der Verversdijk am Westufer des Sint-Annarei trug wegen der hier ansässigen englischen und schottischen Kaufleute ehedem den Namen Schottendijk. Im Mittelalter kreuzte auf Höhe der Leffingestraat auch eine vierte Brücke den Sint-Annarei, damals die wichtigste Zufahrt zum Zollamt neben der Poortersloge. Alle waren aus Holz gebaut, bis 1332 die Strobrug als erste aus Stein neu errichtet wurde. Später wurden alle vier durch Hub- oder Drehbrücken ersetzt.

Schaut man genau hin, erkennt man, dass auch die jetzige Strobrug aus dem Jahr 1975 noch auf Podeste gelegt ist. Für Brügger Verhältnisse ist die Strobrug also brandneu, aber sie bezeugt gewissermaßen die alte Schifffahrtsroute, wenngleich sie nicht mehr über einen Drehmechanismus verfügt. Das wäre auch überflüssig, außer den flachen Sightseeing-Booten befährt kein Schiff mehr die Reien. Die Strobrug wird heute zumeist von Fußgängern und Radfahrern genutzt, um von den östlichen Bezirken der Altstadt ins Zentrum zu gelangen, und eben von Fotografen.

Adresse Spinolarei, 8000 Brügge | ÖPNV Bus 4, 5, 7, 9, 14, 15, 17, 25, 90, Haltestelle Gouden-Handstraat | Tipp Zu den ältesten Brücken der Stadt zählt auch die Vlamingbrug aus dem Jahr 1334. Von dort sieht man den Erker am Haus Vlamingstraat Nr. 71. Der Goldschmied Herman van Oostvelde ließ ihn bauen. Rund 300 Jahre später wohnte hier ein Mann namens Jan-Baptist Botquin, der letzte Henker von Brügge.

55 Die Kapellen

Volksfrömmigkeit rund um Moerkerke und Sijsele

Man sagt, die wahre Religion der Flamen sei das Radfahren. Mag stimmen, ändert aber wenig daran, dass Flandern zutiefst katholisch ist. Das hat historische Gründe. Im Westfälischen Frieden von 1648 wurden die nördlichen Provinzen der Niederlande, in denen der Protestantismus zunehmend Raum gewann, für unabhängig erklärt. Die südlichen Provinzen und Flandern blieben dagegen unter der Herrschaft der katholischen Spanier. Auch wenn in den Städten die Zahl der regelmäßigen Kirchgänger erkennbar sinkt, auf dem Land ist der Glaube nach wie vor fest verwurzelt im Leben der Bevölkerung. Deutliches Zeichen sind die kleinen Kapellen, die – meist gut gepflegt – vielerorts am Straßenrand stehen. Entdecken kann man sie zum Beispiel bei einer Radtour durch Brügges Umland, von Sijsele Richtung Moerkerke, zwei Orte, die zu Damme gehören.

Die älteste Kapelle (Ecke Visserstraat/Waterhoek) wurde im Jahr 1770 errichtet. Hier bat man um Beistand, wenn das Sumpffieber grassierte, das die Gegend am Leopoldkanaal bis Mitte des 19. Jahrhunderts häufig heimsuchte. 2003 beschädigte ein Sturm die Kapelle schwer. Sie wurde unmittelbar instand gesetzt. Das vielleicht schönste Kirchlein auf der Strecke ist die Sareptakapelle. Sie wurde 1923 in byzantinisch anmutendem Stil gebaut, ist weiß gekälkt und trägt ein Malteserkreuz auf dem seitlichen Türmchen. Denkt man sich die Polderlandschaft drum herum weg, könnte sie ebenso in Kleinasien oder Griechenland stehen. Sarepta war eine Witwe, deren Geschichte im alttestamentarischen Buch der Könige erzählt wird. Ihr Name verweist darauf, dass die Steine der Kapelle aus der Sarepta-Abtei stammen, die vom 15. Jahrhundert bis 1920 hier stand. Sehr schön sind auch die Kapelle für den heiligen Antonius (Brieversweg 62) und die winzige Andachtsstelle der Trauernden Maria am Brezendreef, die man bei dieser Tour passiert.

Adresse Tourstart: Sint-Martinuskerk Sijsele – Stationsstraat – Brieversweg – Sareptastraat 2, dann weiter Brieversweg – Scheewege – Brezendreef; retour: Scheewege – Weststraat Vissersstraat – Waterhoek | **Tipp** Schloss Moerkerke ist eine Wasserburg aus dem 16. Jahrhundert. Originale Bausubstanz ist nach vielen Umbauten nur noch wenig erhalten, aber Burg und Gärten sind trotzdem schön. Außerdem gilt die Küche des Restaurants als besonders gut (kasteelvanmoerkerke.be).

56 Das Kloster

Die erstaunliche Geschichte des Engels Klooster

Egal, von wo man schaut, das Engels Klooster dominiert die Carmersstraat. Die runde Kuppel über dem Bau der Frauenkongregation, die hier seit 400 Jahren ansässig ist und in einem ummauerten Areal nach der Regel des heiligen Augustinus lebt, ist von Weitem zu sehen. Der Name »Englisches Kloster« beruht gleich auf mehreren historischen Ereignissen. Die meisten sind mit dem Namen Thomas Morus verbunden.

Der Philosoph, Politiker und Jurist Thomas Morus (alias More), Autor des philosophischen Romans »Utopia« und Freund des Erasmus von Rotterdam, wurde 1535 enthauptet, weil er sich zu unterschreiben weigerte, dass Heinrich VIII. von England über der Hoheit des Papstes stehe. Dafür sollte Morus später heiliggesprochen werden, doch zunächst setzte eine Fluchtbewegung von Katholiken aus England auf den Kontinent ein. So viele Engländerinnen drängten in die Klöster, dass 1609 in Leuven ein erstes englisches Kloster gegründet wurde. Margaret Clement, Enkelin des Lordkanzlers Sir Thomas More, war die erste Priorin. 1629 eröffneten fünf Nonnen aus Leuven in der Carmersstraat zu Brügge ein zweites Kloster. Aufgabe war die Erziehung junger englischer Damen, die hier im Internat lebten. 1794 flohen alle englischen Nonnen vor Napoleon aus Flandern in ihre Heimat. Nur die Brügger Kongregation kehrte 1802 zurück. Priorin war zu dieser Zeit Mary Augustina More, in neunter Generation die letzte Nachkommin von Morus. Sie brachte ein Bild ihres berühmten Vorfahren mit, das heute im Engels Klooster zu besichtigen ist.

Diese eher mittelmäßige Kopie des berühmten Holbein-Porträts von Thomas Morus zeigt im Tabernakel einen Halswirbel des Schatzkanzlers, Humanisten und katholischen Heiligen. Besichtigungen werden ausschließlich über »Sacred Books« vermittelt. Bei einer sachkundigen Führung durch Kloster und Gärten sowie die Barockkirche darf man sich auch handgeschriebene Gesangbücher anschauen.

Adresse Carmersstraat 85, 8000 Brügge, Tel. +32 (0)50/338404, www.the-english-convent.be | **ÖPNV** Bus 6, 16, Haltestelle Kruispoort | **Öffnungszeiten** Führungen nur nach Vereinbarung (www.sacredbooksbruges.be) | **Tipp** »Sacred books« organisiert ebenso Führungen im Kloster der Unbeschuhten Karmeliterinnen (Ezelstraat 28) inklusive der sehenswerten Bibliothek. Sonntags um 10 Uhr wird in der Kirche eine gregorianische Messe gehalten.

57 Die Kochschule

Gourmetküche zum überschaubaren Preis

»Ter Groene Poorte« (Zur grünen Tür), kurz TGP, ist der Name einer sehr renommierten Fachschule in Brügge, mit Ausbildungsgängen für Bäcker und Metzger, Konditoren, Lebensmitteltechniker, Sommeliers, Hoteliers und natürlich auch Köche. Dazu kommen Aufbaukurse für Spitzenköche. Das Allerbeste: Die Schule betreibt das Restaurant »Casserole« und das Bistro »Ter Groene Poorte«, die der geneigten Öffentlichkeit an vier Tagen in der Woche mittags Gourmetküche zum überschaubaren Preis anbieten. Das Motto der Ausbildung: Hier lernt das Land, was gut schmeckt. Und Gäste profitieren davon. Ein Ausflug in den Stadtteil Sint-Michiels lohnt also allemal.

1963 startete TGP als Bäckereischule unter dem Namen »Technisches Institut für Brot- und Gebäckbäckerei Brügge« mit 22 Schülern. Fünf Jahre darauf wurden die ersten Lehrgänge für Hotel, Restaurant, Küche und Metzgerei angeboten. 1981 ging die Ausbildung ab Sekundarstufe II los, heute können die Starter-Kurse bereits von Zwölfjährigen belegt werden. 1991 wurde der Name in »Ter Groene Poorte« geändert. Die Schule darf sich rühmen, mehrere Spitzenköche hervorgebracht zu haben, die sich zum Teil bereits in jungen Jahren Michelin-Sterne erkocht haben.

Die Schule setzte früh auf Spezialisierung, ein Chocolatier braucht andere Fertigkeiten als ein Pâtissier oder Bäcker, Gourmetköche andere Techniken und anderes Wissen als jemand, der eine Großküche oder eine Mensa mit gutem Essen versorgen möchte. Und weil die Küche sich obendrein globalisiert, Einflüsse aus der ganzen Welt auf die Teller kommen, gehören Praktika und Studienreisen ebenso zum festen Programm wie Fortbildungen zu Themen wie Kräuter und Gewürze, vergessenes Gemüse oder außergewöhnliche Fische. Sommeliers können sich in Chile und Südafrika umschauen, während die Chocolatiers Mexiko und Kamerun erkunden. Das wissen nicht zuletzt die Gäste von Bistro und Restaurant zu schätzen.

Adresse Groene-Poortdreef 17, 8200 Brügge, Tel. +32 (0)50/403040, www.tergroenepoorte.be | ÖPNV Bus 7, 17, 88, Haltestelle Sint-Michiels Vijverhof | Öffnungszeiten Mo–Do 12–14.30 Uhr; Bistro auch Fr (unbedingt reservieren und die auf der Website angegebenen Ferienzeiten beachten) | Tipp Auch der Dreisterner Gert de Mangeleer besuchte TGP. Heute betreibt er die »L.E.S.S (Love.Eat.Share.Smile) Eatery« auf't Zand. Für eine Küche, die dem Michelin die höchste Auszeichnung wert war, sind die Preise (vor allem mittags) günstig.

58 Das Konzerthaus

Eine Ikone moderner Architektur in der alten Stadt

120 Meter lang, 50 Meter breit, 35 Meter hoch und mit 70.000 ziegelroten Terrakottafliesen verkleidet: Die nackten Zahlen klingen eher bedrohlich als nach geglückter, ja freundlich-fröhlicher Architektur. Und doch ist dem belgischen Architektenpaar Hilde Daem und Paul Robbrecht mit ihrem Entwurf genau das gelungen: Das Concertgebouw wirkt nicht wie ein monolithischer Steinklotz, eher wie eine Skulptur.

Das Konzerthaus wurde als sogenanntes Leuchtturmprojekt 2002 eröffnet, also in jenem Jahr, in dem Brügge europäische Kulturhauptstadt war. Unter Fachleuten wird es zu den 1.001 Gebäuden weltweit gezählt, die »Sie sehen sollten, bevor das Leben vorbei ist«. Neben dem großen Saal mit 1.289 Sitzplätzen auf drei Ebenen gibt es einen Kammermusiksaal für 322 Besucher. Beide werden für ihre ausgezeichnete Akustik gelobt. Verantwortlich dafür ist die konvexe Form der Innenwände, die wie zwei Hände eine Art Schalltrichter bilden. Alljährlich im Januar findet die »Bach Academie« statt, im August folgt das Festival für alte und barocke Musik, und im Dezember bildet ein Tanzfestival den krönenden Abschluss. Das siebte und damit oberste Stockwerk des »Laternenturms« ist wechselnden Fotoausstellungen gewidmet und bietet außerdem einen grandiosen Ausblick auf die Altstadt, besonders nachts.

Anders, als es zunächst von außen erscheinen mag, legten Daem und Robbrecht den gestalterischen Schwerpunkt auf das Thema Licht: So wird der Konzertsaal durch viele Deckenfenster tagsüber zum lichtdurchfluteten Konferenzzentrum. Auch der an drei Seiten verglaste Turm lässt viel Tageslicht ins Innere fluten. Nachts von innen beleuchtet, wirkt er dann wie eine Laterne, daher sein Name. Erkunden kann man das Gebäude nicht nur bei den empfehlenswerten Konzerten am Abend, sondern auch tagsüber beim »Concertgebouw Circuit«, einer Mischung aus Führung und Schnitzeljagd, die nicht nur Kindern viel Spaß macht.

Adresse 't Zand 34, 8000 Brügge, Tel. +32 (0)50/476999, www.concertgebouw.be | ÖPNV Bus alle Linien, Haltestelle 't Zand | Öffnungszeiten Sa, So 10–18 Uhr, in den Ferien: Mi, Do, Fr 14–18 Uhr, Sa, So 10–18 Uhr und zu Konzerten | Tipp Im »Ryelandtzaal« (Achiel van Ackerplein 3), einer ehemaligen Kirche, finden bisweilen Kammermusikkonzerte statt. Rockigere Töne hört man im »Magdalenazaal« (Magdalenastraat 27), im »Cactus« (Werfstraat 108) oder im kleinen, intimen »Muziekcafé De Kelk« (Langestraat 69).

59 Das Kristallschiff

70 Murals bekannter Künstler in Oostende

Es gibt Menschen, die behaupten, das schönste an Oostende sei der Bahnhof – und das zweimal: bei der Ankunft und bei der Abfahrt. Das ist nicht nett, denn Oostende hat durchaus schöne Seiten. Aber es stimmt schon, dass der allgemein gute Geschmack der Belgier sie an den Küstenorten – abgesehen von De Haan und Knokke-Zoute – verlassen zu haben scheint. Jedenfalls haben die Street-Art-Künstler, die in Oostende unter dem Motto »Kristallschiff« eine Freiluftausstellung von über 70 teils gigantischen Wandbildern präsentieren, sicher keine große Mühe gehabt, Hausmauern zu finden, die dringend der Verschönerung bedurften. Das Ergebnis kann sich buchstäblich sehen lassen. Und es kommen jedes Jahr neue Werke hinzu.

In der gesamten Stadt, an öffentlichen wie privaten Gebäuden, prangen Wandbilder: Comicfiguren und Phantasiezeichnungen, rein grafische Bilder, Schriftzeichen und dreidimensional anmutende Werke. Das Bahnhofsparkhaus ziert ein riesiger blauer Wal, den Hendrik Baelskaai das hyperrealistische Porträt eines Fischers und eine Sporthalle ein knallbunter (Wett-)Kampf zwischen Menschen und Tigern. Manches ist ernst, politisch gemeint, anderes ist witzig, wie die Müllmannbilder des belgischen Künstlers Jaune, der sein Geld tatsächlich als Müllkutscher verdient. Das Spektrum ist weit gefächert, und die Künstler stammen aus ganz Europa, aber auch aus Australien, Argentinien, Uruguay und den USA. Neben den großformatigen Wandbildern sind in der ganzen Stadt, an Stromkästen, Blumenkübeln oder Mauervorsprüngen, auch kleine Kunstwerke zu entdecken. Und plötzlich ist Oostende gar nicht mehr so hässlich. Im Büro der Tourist-Information am Monacoplein ist ein Büchlein erhältlich, dass neben den Abbildungen aller Werke auch weitere Hintergründe zu den Künstlern enthält. Selbstverständlich gibt es das auch per App. Eine der Touren startet übrigens direkt gegenüber vom Bahnhof.

Adresse Tourist-Information: Monacoplein 2, 8400 Oostende, www.thecrystalship.be | Tipp Mu.ZEE heißt Oostendes Museum für moderne Kunst in der Romestraat 11. Gezeigt werden ausschließlich Werke belgischer Künstler von 1880 bis heute (www.muzee.be).

60_Der Leuchtturm

Die Schönheit steht an Land

Sämtliche Leuchtfeuer an der Nordseeküste werden heute automatisch gesteuert. Vorbei die Zeiten, als Leuchtturmwärter allabendlich ihren Turm ersteigen und befeuern mussten. Das gilt auch für den bildschönen Jugendstil-Turm von Heist, der erste reine Betonbau an der belgischen Küste. Eine weitere Besonderheit: Der Turm steht nicht am Wasser, sondern auf der »grünen Wiese« mitten in einem Neubaugebiet, mehrere 100 Meter landeinwärts. Wer nicht zufällig auf ihn stößt, muss ein wenig suchen. Verdient hat er es.

Pünktlich zur Einweihung des neuen Hafens Zeebrugge im Jahr 1907 war auch das »Hooglicht«, der Leuchtturm Heist, nach knapp zweijähriger Bauzeit fertiggestellt. Denn auch wenn der von den Ingenieurbrüdern Grendel aus Gent entworfene 30,50 Meter hohe Turm auf dem Gebiet der Nachbargemeinde Heist steht, er befeuert, also signalisiert, gemeinsam mit seinem »kleinen Bruder« auf der anderen Seite der Straße N34 den Hafenkanal von Zeebrugge. Genau 70 Jahre lang versah er diesen Dienst, dann wurde nach der Erweiterung des Hafens der Betrieb eingestellt. Sein Feuer leuchtete elf Seemeilen weit. Als die deutsche Armee 1918 auf ihrem Rückzug große Teile der Hafenanlagen sprengte, hat sie die schlanke Silhouette verschont.

Der Leuchtturm steht auf einem achteckigen Sockel. Füllmauerwerk mit Mustern aus rotem und weißem Backstein setzt ebenso Akzente wie das Fenster und die Tür in sogenannten Hufeisenbogenrahmen in reinem Jugendstil. Auf dem Fuß steht der runde, sich nach oben hin verjüngende Schacht aus Beton mit kleinen, versetzten Fenstern. Dann folgt das auskragende, wiederum achteckige Lampenhaus mit Metallkuppel und Wetterfahne. Eine echte Schönheit, zum Glück auch nach der Außerbetriebstellung erhalten geblieben, unterdessen als Denkmal ausgewiesen und 2005 restauriert. Eine Führung im Turm bis nach oben zum Leuchtfeuer gibt es leider (noch) nicht.

Adresse Eieburg, 8301 Knokke-Heist | **ÖPNV** Kusttram Linie 0, Haltestelle Heist-Dijk; Bus 3, Haltestelle De Klinker | **Tipp** Am Ende des Seedeichs von Heist (Ecke Victor Wolvenstraat) steht das kleine Leuchtfeuer. Von hier geht man über die ultramoderne, an eine Skuptur erinnernde Rad- und Fußgängerbrücke »De Lichtlijn« und folgt dann der Elisabethlaan, die zum Leuchtturm führt.

61 Die Löwen

Die Zierde der romantischsten Brücke

Zum Fürchten sehen sie nicht aus, die beiden steinernen Löwen auf dem Brückensims, eher schon zum Streicheln. Man könnte ihren Gesichtsausdruck auch so deuten, dass sie sich fragen, was sie ausgerechnet hierher verschlagen hat. Mitten auf den gebogenen Geländern, den Blick Richtung Innenstadt gewandt, hält jeder von ihnen ein Wappenschild mit goldenem »b« auf blauem Grund in den Pranken. Vielleicht ist die Leeuwbrug aus Naturstein die romantischste Brücke der Stadt. Von ihr aus schaut man über den Speelmansrei beiderseits in idyllische Gärten.

Ziemlich genau in der Mitte der Leeuwstraat zwischen Oude Zak und Moerstraat quert die heutige Brücke im alten Eselsviertel den Kanal, der auf dem Lauf der ersten Stadtmauer von Brügge gegraben wurde. Die Straße hieß ursprünglich Leestraat, wobei *lee* oder *leet* einen kleinen Wasserlauf bezeichnet. Eine erste Holzbrücke stand bereits im 12. Jahrhundert an dieser Stelle, wurde 1413 durch eine zweite, ebenfalls hölzerne und 1627 dann vom Maurermeister Jan de Wachter durch eine Steinbrücke ersetzt. 1629 erteilte der Magistrat der Stadt dem Bildhauer Jeroom Stalpaert den Auftrag, zwei Brügger Löwen als Schmuck für die Geländer zu gestalten. Seitdem hat sich im Volksmund der Name Leeuwbrug durchgesetzt. Als 1792 erstmals offiziell Straßennamen vergeben wurden, war klar, es handelt sich um die Leeuwstraat. Ende des 18. Jahrhunderts wurde der Löwe auf der Westseite der Brücke ins Wasser gestoßen und musste ersetzt werden. Sein Gegenüber hielt länger aus und wurde erst 1955 ausgetauscht, weil der Stein marode war. Bei diesem Anlass wurden die beiden Schilde mit Blattgold gerahmt und einem kleinen »b« in Frakturschrift versehen.

Der Löwe, eines der Stadtsymbole von Brügge, sollte sicher Stolz und vor allem Kraft ausstrahlen. Das ist bei diesen beiden Vertretern eher weniger gelungen. Dem Charme der Brücke tut das aber keinen Abbruch, im Gegenteil.

Adresse Leeuwstraat 10, 8000 Brügge | **ÖPNV** Bus 3, 13, Haltestelle Sint-Jakobskerk | **Tipp** In der Raamstraat 1 hat die Weinhandlung »Feys – Van Acker« ihr Domizil in einem Kellergewölbe. Ein angemessen schöner Ort für ein Geschäft, das zwar erst 1966 hier eingezogen ist, aber auf eine durchgehende Geschichte seit 1822 zurückblicken kann.

62 Die Madonna

Die einzigartige Plastik des Maestro Buonarroti

Zu übersehen ist die Onze-Lieve-Vrouwekerk weiß Gott nicht: Mit 115,50 Meter Höhe ist ihr Turm der zweithöchste Backsteinturm der Welt und in der Altstadt von Brügge von fast jedem Ort aus sichtbar. Eher schon übersehen eilige Touristen eines der wichtigsten Kunstwerke in der Kirche: Michelangelos sitzende Maria mit dem Jesuskind. Eine einzigartige Plastik. Die »Brügger Madonna« hat eine sehr besondere Geschichte. Zweimal wurde sie aus der Liebfrauenkirche geraubt: Während der Französischen Revolution gelangte sie nach Paris und kehrte erst 1815 zurück nach Brügge; 1944 stahlen dann die Nazis die Statue und lagerten sie in Altaussee ein, um sie später ins geplante »Führermuseum« zu bringen. Die Geschichte um Raub, Suche und Wiederentdeckung der »Brügger Madonna« ist ein zentrales Thema in dem Film »Monuments Men« von und mit George Clooney.

Die 1,26 Meter hohe Plastik ist aus poliertem weißem Marmor. Maria sitzt, das nackte Jesuskind steht zwischen ihren Beinen, beide den Blick gesenkt. Eine Art der Darstellung, die Michelangelos Zeitgenosse Leonardo da Vinci eingeführt hatte, um der Vorahnung kommender Ereignisse Ausdruck zu verleihen.

Die unsignierte Madonna entstand zwischen 1501 und 1505, also zeitgleich mit Michelangelos berühmter Monumentalstatue des David, und war eigentlich für den Dom zu Siena vorgesehen. Francesco Todeschini Piccolomini, der als Pius III. im Jahr 1503 für genau 26 Tage Papst sein sollte, hatte sie für den Familienaltar in Auftrag gegeben. Es gibt die begründete Vermutung, dass Michelangelo das Werk für zu gut erachtete, um es in einer Altarnische verschwinden zu lassen. Die Brüder Mouscron, zwei in Florenz ansässige Kaufleute aus Brügge, erstanden die Madonna und brachten sie 1506 in ihre Heimatstadt. Acht Jahre später stiftete Alexandre Mouscron das Meisterwerk der Hochrenaissance der Onze-Lieve-Vrouwekerk.

Adresse Onze-Lieve-Vrouwekerk, Mariastraat, 8000 Brügge, www.museabrugge.be | ÖPNV Bus 1, 4, 6, 11, 12, 14, 16, Haltestelle O.L.V. Kerk | Öffnungszeiten täglich 9.30–17 Uhr | Tipp Im Hauptchor stehen die Sarkophage von Karl dem Kühnen und seiner Tochter Maria von Burgund vor dem ebenso imposanten Passionstriptychon von Bernard van Orley (1534).

63_Der Magritte

Großes vom Großmeister der Surrealisten

Manche Menschen kommen, wen wundert's, ins »Grand Casino« von Knokke, um hier zu spielen, sei es nun Blackjack oder Roulette. Andere besuchen den Art-déco-Bau des belgischen Architekten Léon Stynen von 1929/30 wegen der Küche im Restaurant »Mascotte«. Und dann ist da noch das Bild »Le Domaine Enchanté« (Das verzauberte Reich). Wobei Bild dann doch ziemlich untertrieben ist. Es handelt sich hier um ein vollständiges Panorama: 360 Grad an den Wänden eines Raums, 72 Meter lang und vier Meter hoch, geschaffen 1953 von dem weltberühmten Surrealisten René Magritte. Es zeigt typische Motive des belgischen Künstlers, Masken tragende Äpfel, ein Haus im Abendlicht mit taghellem Himmel darüber, verfremdete Tauben.

Magritte wollte herkömmliche Denk- und Sehgewohnheiten erschüttern, indem er Objekte naturalistisch malte und sie durch ungewöhnliche Zusammenstellung verfremdete. Eines seiner berühmtesten Werke, »Der Verrat der Bilder«, auf dem man eine Pfeife sieht, versehen mit dem Schriftzug »Dies ist keine Pfeife«, kommentierte er wie folgt: »Ein Bild ist nicht zu verwechseln mit einer Sache, die man berühren kann. Können Sie meine Pfeife stopfen? Natürlich nicht! Sie ist nur eine Darstellung. Hätte ich auf mein Bild geschrieben, dies ist eine Pfeife, so hätte ich gelogen. Das Abbild einer Marmeladenschnitte ist ganz gewiss nichts Essbares.«

Ansonsten hat der belgische Künstler sich stets geweigert, seine Bilder über den Titel hinaus zu kommentieren. Sie sollten Rätsel und Mysterium bleiben und zum Nachdenken anregen. Und so sind die Wände des Bankettsaals des Casino Knokke mit riesigen Enigmen geschmückt, wie zum Beispiel »Ein Stuhl erfindet sich neu«. Magritte und seine Frau Georgette waren oft und gerne in Knokke. Beide liebten den Strand, blieben aber nie über Nacht. Sie fuhren prinzipiell mit dem letzten Zug zurück nach Brüssel, in ihr kleinbürgerliches Haus im Vorort Jette.

Adresse Zeedijk-Albertstrand 509, 8300 Knokke, www.grandcasinoknokke.be | **ÖPNV** Bus 12, 41, Haltestelle Knokke – Casino | **Öffnungszeiten** Casino: täglich 9–4 Uhr, Magritte: nur So 14–17 Uhr (nach vorheriger Anmeldung, Kontakt: siehe Website) | **Tipp** Knokke bietet Kunstliebhabern rund 60 Galerien und viel Kunst im öffentlichen Raum, zum Beispiel Panamarenkos »Winkende Krabben« im Zegemeer, Jean-Michel Folons »Mann mit Hut«, der am Strand im Meer sitzt, oder die »Köpfe« von Franz West auf dem Rubensplein.

64 Die Marieke

Reminiszenz an das flache Land und Jacques Brel

In einem kleinen Park, eher eine Grünfläche am Predikherenrei, direkt am Coupure-Hafen für Haus- und Privatboote, dreht sie sich im Schatten eines alten Kastanienbaums selbstvergessen auf einem Bein stehend um sich selbst. Die Bronzestatue einer jungen Frau, Marieke, geschaffen von dem bekannten belgischen Bildhauer Jef Claerhout (1937–2022), ist eine Hommage an das Liebeslied »Marieke« von Jacques Brel. Gerichtet eben an Marieke, das 20-jährige Mädchen aus dem *platte land* zwischen *Bruges et Gand,* dessen Liebe er so vermisst. Es ist aber ebenso ein Liebeslied an Flandern, das Land zwischen Brügge und Gent, in dem Kirchtürme die höchsten Erhebungen sind, in dem immer der Wind weht und die Hausdächer an den Himmel stoßen und dem Brel in inniger Hassliebe verbunden war. Bis heute behauptet sich das Chanson als eines der ganz wenigen mit zweisprachigem Text in den zerstrittenen belgischen Landen.

Die Skulptur entstand, nachdem ein Journalist vehement darauf hingewiesen hatte, dass es Brügge gut anstünde, Brel und eines seiner weltweit bekanntesten Lieder zu ehren. Auch heute noch werden pro Jahr 250.000 Tonträger mit Chansons des »Grand Jacky« verkauft, aber man kann nicht eben sagen, seine Landsleute, egal, ob Flamen oder Wallonen, wären immer stolz auf ihn gewesen. Zu oft hatte er ihre Kleinbürgerlichkeit lächerlich gemacht, nationalistische Flamen als Nazis gebrandmarkt oder die Dialekte, wie manche Belgier fanden, karikiert. Brel selbst hat immer betont, er liebe die belgischen Dialekte und ihre Vielfalt der Ausdrucksmöglichkeit genau wie das flache Land, dass er gerade in »Marieke« als »das meine« bezeichnete.

1988 weihte Frank van Acker, bis zu seinem plötzlichen Tod 1992 über 15 Jahre lang sozialdemokratischer Bürgermeister von Brügge, das kleine Denkmal ein. Das Chanson war zu diesem Datum bereits 28 Jahre alt, weltberühmt und Brel seit zehn Jahren tot.

Adresse Predikherenrei 21, 8000 Brügge | ÖPNV Bus 6, 16, 88, Haltestelle Schaarstraat | Tipp An Bürgermeister Frank van Acker erinnern eine Büste am Steenhouwersdijk, die von Fernand Vanderplancke stammt, und der bronzene Blumenstrauß von Stefaan Depuydt und Livia Canestraro am Dijver.

65 Der Marzipanladen

Marzipan & Nougat und sonst nix

Brügge darf sich rühmen, die weltweit größte Dichte an Schokoladengeschäften zu beherbergen. Auf je 2.000 Einwohner kommt ein Chocolatier mit eigener Produktion von Pralinen und anderen süßen Köstlichkeiten. Auch deshalb dürfte Heidi Rappé mit ihrer Entscheidung richtiggelegen haben, nicht einfach einen weiteren Schoko-Laden zu eröffnen, sondern sich zu spezialisieren. Im »Brown Sugar« gibt es Marzipan und Nougat, aus allerbesten Zutaten und natürlich handgefertigt. Und die kommen bei den Kunden so gut an, dass dem Laden in der Mariastraat inzwischen zwei Filialen gefolgt sind. Der »Signature Shop«, modern und ausgesprochen edel gestaltet, ist direkt am Markt in der Breidelstraat, also in bester Lage. Und in unmittelbarer Nachbarschaft des ersten Ladens hat Heidis Partner Toni van Belle, nach knapp 30 Jahren als Küchenchef, sein renommiertes Restaurant »Gruuthuse Hof« ebenfalls in einen Marzipan-Shop umgewandelt. Wegen der langwierigen Bauarbeiten rund um die Onze-Lieve-Vrouwekerk musste der Restaurantbetrieb eingestellt und eine sinnvolle Alternative gefunden werden.

Weder weiß man ganz genau, woher das Wort Marzipan stammt, noch, wo und wann genau der Teig aus Mandeln und Zucker erstmals geknetet wurde. Viele Orte reklamieren die Erfindung für sich. Klar ist aber: Marzipan findet weltweit Liebhaber. Erst recht in der Qualität und Vielfalt von Heidi Rappé, ob pur oder mit Geschmack von Erdbeer und Orange über Kirsche, Spekulatius und Veilchen bis zu Ingwer, Pistazie oder Kokos. Ob als ganze Scheibe oder Praline oder zu Figuren geformt. Ihren weißen Nougat beziehen Rappé und van Belle ausschließlich aus Montélimar, der Nougat-Hochburg im Süden Frankreichs. Aus Mandeln, Honig und Eiweiß bestehend, wird die Masse traditionell mit Nüssen, Pistazien, kandierten Zitrusfrüchten, Vanille und Lavendel vermischt. Man kann die Köstlichkeiten auch online bestellen.

Adresse Mariastraat 21 & 36 / Breidelstraat 7, 8000 Brügge, www.marzipan-nougatshop.be | ÖPNV Bus 1, 4, 6, 11, 12, 14, 16, Haltestelle O.L.V. Kerk | Öffnungszeiten Mo–Fr 10–18 Uhr, Sa 10–20 Uhr, So 10–19 Uhr | Tipp »De Gaffer« heißt der überlebensgroße Kopf an der Fassade des Hauses Steenstraat 5. Er stammt aus dem Jahr 1720 und hat eine Pille auf der Zunge im weit geöffneten Mund. Ehedem waren solche Köpfe ein Erkennungszeichen für Apotheken.

66 Die Medici

Die Medaillons im Hof Bladelin

Pieter Bladelin (1408–1472), Berater von König Philipp dem Guten und Schatzmeister des Ordens vom Goldenen Vlies, außerdem schwerreich, ordnete 1435 den Bau eines mächtigen Stadtpalastes in Brügge an. Der dazugehörige geschlossene Hof mit den akkurat geschnittenen Buchsbaumhecken versetzt Besucher unmittelbar in die Atmosphäre der burgundischen Blüte. Ein gotischer Turm zur Naaldenstraat hin bezeugt den Reichtum des Bauherrn. Der Hof selbst mit seinem Umgang und den großen Bögen erinnert eher an norditalienische Klöster. Bladelin hat hier kaum gelebt. Ausweislich der Kontobücher wurde der Komplex bereits ab Mai 1438 an die Florentiner Bankiersfamilie de' Medici verpachtet.

Pieter Bladelin starb kinderlos, und so ging der Palast 1472 in den Besitz der Familie Medici über, die ihn zur zentralen Filiale ihres Bankhauses außerhalb von Italien machten. Die steinernen Medaillons im Hof zeigen Lorenzo de' Medici (1449–1492), genannt »Il Magnifico« (der Prächtige), und seine Frau Clarissa Orsini. Bankdirektor Tommaso Portinari ließ sie anlässlich der Hochzeit der beiden 1469 anbringen. Sie gelten als die ersten Renaissancebildnisse in Flandern und schmücken bis heute den kürzlich renovierten Innenhof, wobei Lorenzo und Clarissa sicher nie in Brügge waren. Beide Köpfe waren ursprünglich bemalt.

Im Inneren des Palasts, im römischen Saal, hängen Gemälde von Raffael und seinem Schüler Giulio Romano. Es sind allerdings nur Kopien, die Originale befinden sich im Vatikan. Im Bank-Saal sieht man geschnitzte Balkenköpfe. Einer trägt das Wappen Philipps des Guten mit Goldenem Vlies, ein anderer das Wappenschild der Medici mit sechs Kugeln und dem Wahlspruch »SEMPER«. In einer Steinkonsole sieht man das Emblem der Familie mit Ring und Pfauenfedern. Der gleiche Ring umfasst in stilisierter Form auch die beiden Medaillons im Hof. Hof Bladelin gehört inzwischen einer kirchlichen Stiftung.

Adresse Naaldenstraat 19, 8000 Brügge, www.hofbladelin.be | ÖPNV Bus 4, 5, 7, 9, 14, 15, 17, 25, 90, Haltestelle Stadsschouwburg | Öffnungszeiten Fr 14–17 Uhr im Rahmen von Führungen | Tipp Leider kann man das Haus »Ter Beurze« aus dem Jahr 1453 nur von außen betrachten. Vor der Gaststätte der Familie van der Beurze (und dem Haus der Genueser Händler links daneben) wurden Waren und Wechsel gehandelt. Man ging eben zur »Beurze«.

67 Die Meebrug

Die älteste Brücke wird häufig verkannt

»Venedig des Nordens« wird Brügge wegen seiner viele Kanäle – den *reien* – oft genannt. Wie in der Lagunenstadt spannen sich unzählige alte, rundbogige und zum Teil sehr romantische Brücken über die künstlichen Wasserläufe. Die älteste ist wohl die Meebrug. Dokumente erwähnen sie bereits 1290 und belegen, dass sie 100 Jahre später vom berühmten Brückenbaumeister Jan van Oudenaerde in ihrem jetzigen Aussehen aus Steinen gesetzt wurde. Sie führt also seit mehr als 630 Jahren die Meestraat über den Groenerei auf den Steenhouwersdijk und weiter in Richtung Vismarkt. Die mittlere der drei Brücken über den Groenerei ist eine besondere Schönheit und ganz besonders nachts eine Augenweide. Aber die historische Bedeutung der Meebrug als älteste der ganzen Stadt wird selten wahrgenommen.

Die Bedeutung des Worts *mee* geriet im Laufe der Jahrhunderte in Vergessenheit; bisweilen wurde es auch falsch übersetzt mit »Met« (Honigwein). Ihren Namen erhielt die Brücke, wie auch die gleichnamige Straße, jedoch von der »Medehalle«, die ganz in ihrer Nähe am Steenhouwersdijk stand. Und die Medehalle war eine Färberei, ausschließlich für rote Stoffe. Der Farbstoff wurde aus den zerstampften Wurzeln der Krapp-Pflanze gewonnen, die auch *mee* genannt wird. Benediktiner brachten die Pflanze *Mee-Krapp* aus dem Mittelmeerraum mit, und schon Karl der Große empfahl den Anbau. Ob auch an der Meestraat Färberkrapp wuchs, ist nicht bekannt.

Im Mittelalter hießen beide Ufer des Groenerei wie auch das ganze Viertel nach den dort ansässigen Steinmetzbetrieben Steenhouwersdijk. Da Anlieferung und Abtransport der Steine per Schiff erfolgten, mussten die Betriebe möglichst nah am Wasser liegen. Lange Zeit ging man davon aus, der Kanal sei ursprünglich angelegt worden, um Wassermühlen anzutreiben. Heute denken Forscher, der Groenerei sei eher ein Abschnitt des natürlichen Laufs des alten Flusses Reie.

Adresse Steenhouwersdijk 6, 8000 Brügge | ÖPNV Bus 4, 6, 14, 16, 88, Haltestelle Vismarkt | Tipp Zwischen Vismarkt und Rozenhoedkaai liegt der Huidenvettersplein, der Gerberplatz. An der Säule, die in der Mitte steht, hing früher wahrscheinlich die Waage für die Häute.

68_Der Meister

Der flämische Meister aus Offenbach

Sehr viel ist über das Leben des Malers Hans Memling nicht bekannt. Erstmals urkundlich erwähnt wird sein Name 1465 mit dem Erwerb der Bürgerrechte von Brügge. Alles davor liegt im Dunkeln. Geboren zwischen 1433 und 1440 in Seligenstadt bei Offenbach, starben die Eltern vermutlich an der Pest. In Brügge bewohnte Memling ein großes Steinhaus in der Sint-Jorisstraat. So wenig man über ihn weiß, eines ist klar: Er zählt zu den wichtigsten Künstlern der niederländisch-flämischen Schule. Seine Werke hängen im Louvre und im Prado, in New York, im Nationalmuseum Danzig, im Dom von Lübeck und natürlich in Brügge.

Das Memling-Museum beherbergt den größten Schatz, den Ursula-Schrein. Die Legende der Ursula vermittelt sich auf dem Schrein wie ein mittelalterlicher Comic, verständlich auch für Menschen, die nicht lesen konnten. Der Schrein hat die Form einer gotischen Kapelle mit steil zugespitztem Dach. Auf je drei Tafeln an den Längsseiten ist ihre Pilgerreise ausschnittweise dargestellt, und zwar die Stationen: Ankunft in Köln, Ankunft in Basel, Ankunft in Rom, Abreise von Basel, Martyrium der Pilger, Martyrium der heiligen Ursula. Memling hat nicht nur eine Vielzahl von Figuren auf den Bildern untergebracht, sondern auch dem Hintergrund der Szenen große Aufmerksamkeit gewidmet. Auffällig ist die über die ganze Länge durchgezogene Landschaft im Hintergrund, die sehr detailgetreu den noch im Bau befindlichen Kölner Dom zeigt. Eine Schmalseite zeigt die Gottesmutter und das Kind sowie zwei kniende Nonnen, von denen eine die Stifterin des Schreins ist. Auf der anderen sieht man Ursula, unter deren Schutzmantel die Jungfrauen stehen. Beide Szenen sind im Innenraum einer Kapelle situiert, um so Perspektive zu erzeugen.

Das Reliquiar wurde vor 1489 im Auftrag des Sint-Janshospitaals gefertigt und enthielt verschiedene Reliquien, unter anderem die der sagenumwobenen heiligen Ursula.

Adresse Sint-Janshospitaal, Mariastraat 38, 8000 Brügge, Tel. +32 (0)50/448743, www.museabrugge.be | **ÖPNV** Bus 1, 4, 6, 11, 12, 14, 16, Haltestelle O.L.V. Kerk | **Öffnungszeiten** Di–So 9.30–17 Uhr, Mo Ruhetag | **Tipp** In der Kapelle des Hospitals sind weitere Hauptwerke Memlings zu bewundern, so der Johannes-Altar mit dem Brügger Holzkran im Hintergrund (siehe Kapitel 46), das »Triptychon des Adriaan Reins« und das »Triptychon des Jan Floreins«.

69__Der Modeladen

Think Twice: second hand at it's best

Ob Flohmarkt, Antiquariat oder Secondhandshop: Aus zweiter Hand zu kaufen war immer schon beliebt. Das ist nicht nur eine Preisfrage. Das Stöbern nach ganz speziellen Stücken übt auch eine besondere Faszination aus. Aber während Vintage bei vergriffenen Büchern und Schallplatten, Lampen und Uhren immer schon en vogue war und das Preisgefüge von Schnäppchen bis Luxus abdeckte, haftete Secondhandkleidung oft der Geruch von Kleiderkammer und Bedürftigkeit an. Das änderte sich mit dem Aufkommen von Geschäften für edle Designerklamotten im Zweitverkauf und dem Trend zu Upcycling, Nachhaltigkeit und Wiederverwertung. Ein Modeladen in bester Innenstadtlage, der ausschließlich Secondhandware führt, ist gleichwohl die Ausnahme.

»Think Twice« ist genau das. Ob Anzüge, Blusen, Röcke, Jacken oder Accessoires wie Handtaschen: Alles ist Vintage. Zwar sind Dior und Chanel nicht vertreten, aber alles ist von ausgesuchter Qualität, und das zu moderaten Preisen. Da Modetrends in Abständen wiederbelebt werden und heutzutage diverse Modestile gleichzeitig in sind, funktioniert das. Frauen wie Männer, Junge wie Ältere stöbern bei »Think Twice«, die einen nach dem neuesten Chic, die anderen nach einem Teil, das sie vor zehn oder 20 Jahren schon mal heiß geliebt haben.

»Think Twice« betreibt neben diesem Laden noch zwölf weitere in ganz Belgien. Fast schon eine Institution für nachhaltige Mode mit dem selbst gesteckten Ziel, ein »zyklisches Modeerlebnis« zu fördern. »Think Twice« wurde 2007 als »Baltic Textile Trading BV« in Belgien gegründet, die wiederum Tochtergesellschaft der »Humana Second Hand Fundraising Projects« ist, einer gemeinnützigen Organisation mit Sitz in Litauen. 2020 hat sie 3,5 Millionen Euro an soziale Projekte, für nachhaltige Entwicklung und Umweltschutz in Afrika, Asien, Europa und Lateinamerika gespendet. Der Anteil der belgischen Tochter belief sich auf 300.000 Euro.

Adresse Sint-Jakobsstraat 21, 8000 Brügge, www.thinktwice-secondhand.be | ÖPNV Bus 3, 13, Haltestelle Sint-Jakobskerk; Bus 4, 14, 90, Haltestelle Markt | Öffnungszeiten Mo–Sa 10–18 Uhr, Sa 12–18 Uhr | Tipp Das Geschäft »l'héroïne« in der Noordzandstraat 32 hat sich ganz den Kreationen belgischer Modeschöpfer wie Dries Van Noten, A.F. Vandevorst und Tim Van Steenbergen verschrieben (www.lheroine.be).

70_Die Mühlen

Nur die Sint-Janshuismühle ist noch in Betrieb

Seit jeher zieren Windmühlen den Ringwall um die Altstadt von Brügge. Die Stadtbefestigung wurde 1297/98 errichtet, und die erste Mühle, die Sint-Janshuysmolen, wird bereits 1343 in alten Dokumenten erwähnt. Die Grundsteuer dieser Mühle war laut Stadtarchiv an das Hospital Sint-Jans zu entrichten, daher der Name. In den berühmten Bildkarten von Marcus Gerards (1562) und Jacob van Deventer (1558–1575) ist die Sint-Janshuysmolen abgebildet. Für die Jahre 1563 und 1594 sind Renovierungen nachgewiesen, 1744 wurde sie gesprengt. 15 Jahre darauf kauften 26 Brügger Bäcker gemeinschaftlich diesen Teil des Walls und errichteten 1770 die heutige Mühle, wie eine Inschrift im Eisenbalken belegt. Daher stammen auch die beiden anderen Namen für die nämliche Mühle: Bakkersmolen und Sint-Aubertusmolen, nach dem Schutzpatron des Bäckerhandwerks.

Bis ins 19. Jahrhundert waren Mühlen wirtschaftlich enorm wichtig, denn vor der Erfindung der Dampfmaschine waren sie die Hauptlieferanten von Energie. Und so stehen auf der Kruisvest noch drei weitere Windmühlen: Bonne-Chière, Nieuwe Papegaai und Koelewei. Alle drei wurden aber erst in neuerer Zeit aufgestellt, gleichwohl an Orten, für die seit Jahrhunderten Vorgängerbauwerke bezeugt sind. Die Sint-Janshuysmolen ist als Einzige zu besichtigen, sie steht auf ihrem ursprünglichen Platz, und sie mahlt auch weiterhin Korn, auch das als Einzige. Die Koelewei-Mühle wäre zwar ebenfalls voll funktionstüchtig, aber für den Museumsbetrieb und zu Demonstrationszwecken reicht eine Mühle völlig aus.

Am 3. April 1914 kaufte die Stadt Brügge die Mühle von der Müllerfamilie Gevaert. Damals drehte sich das Flügelrad nicht mehr, das Mahlwerk verfiel, und überhaupt war das Jahr 1914 kein sonderlich günstiger Zeitpunkt für Renovierungsarbeiten. Erst 1964 konnte die Sint-Janshuysmolen wieder in Betrieb genommen werden. Seitdem wird sie regelmäßig gewartet.

Adresse Kruisvest 3, 8000 Brügge, Tel. +32 (0)50/448743, www.museabrugge.be | ÖPNV Bus 4, 14, 90, Haltestelle Markt | Öffnungszeiten April – Mitte Okt. Di – So 9.30 – 12.30 Uhr und So 13.30 – 17 Uhr, Mo Ruhetag | Tipp Vor 150 Jahren wurden die Wälle zur Grünanlage umgewandelt. 26 Hektar Parkanlage mit 3.000 Bäumen, Rad- und Wanderwegen ziehen sich auf sieben Kilometern um die gesamte historische Altstadt. Von den auf Hügeln stehenden Mühlen hat man zudem eine tolle Sicht.

71 Die Neubausiedlung

Die Stalijzersiedlung bringt die Moderne ins Zentrum

Eines der bestgehüteten Geheimnisse der alten Stadt ist ihr jüngstes Wohnviertel – und das liegt mitten im Zentrum. Dreht man sich am touristischen Epizentrum, dem Rozenhoedkaai, mit dem Rücken zum Wasser, schaut man über eine Allee mit dem Namen Pandreitje. Die war mal ein Kanal, der 1768 zugeschüttet wurde. »Unter dem Pflaster liegt der Strand«, sang in den 1970er Jahren die Frauenband Schneewittchen. Hier trifft das zu.

Am anderen Ende heißt die Platanenallee dann Gevangenisstraat, denn hier befand sich ab dem 17. Jahrhundert parallel zum heutigen Koningin Astridpark eine große Haftanstalt. Das Gebäude, auf dessen Torbogen man zugeht, war seit 1861 Sitz der Verwaltung sowie Tor- und Direktorenhaus. Das ebenfalls »Pandreitje« genannte Gefängnis wurde bis 1989 genutzt. 1992 folgte, abgesehen von diesem »Eingangsbereich«, der Abriss des gesamten Komplexes. Ein Knast schien nicht die adäquateste Verwendung für das Filetgrundstück in der Innenstadt zu sein. Nachdem es eine Zeit lang brach lag, entstand zu Beginn der 2000er Jahre – parallel zur Verbannung des Autoverkehrs aus weiten Teilen des Zentrums – zunächst die Tiefgarage »Pandreitje« und im Anschluss daran dann eine neue Wohnsiedlung.

75 moderne, leicht kubistisch anmutende Einzelhäuser aus Naturstein und Ziegel, alle entweder mit Dachgarten, Terrasse und/oder Garten, haben die Antwerpener Architekten Peter Haverhals & Frank Heylen hier als in sich geschlossenes Ensemble entworfen. Orientiert haben sie sich dabei an der Tradition der Beginenhöfe – wie passend für Brügge. Die Häuser sind privater Rückzugsraum, aber dazwischen gibt es Gemeinschaftsflächen, kleine Patios und größere Plätze. Fünf Sträßchen erschließen das Viertel, sind aber im Wesentlichen für Autos gesperrt und Fußgängern und Radlern vorbehalten. Ein wahrhaft vorbildliches Stadtentwicklungsprojekt, ein modernes Viertel im Herzen der historischen Altstadt.

Adresse Quartier zwischen Stalijzer-, Diamantslijpers- und Goudsmedenstraat, 8000 Brügge | **ÖPNV** Bus 1, 11, 12, 91, Haltestelle Magdalenakerk oder 1, 4, 6, 11, 12, 14, 16, Haltestelle Dijver | **Tipp** Auf der Jozef Suvéestraat gibt's großartige Snacks in »Noah's Brodhuyse«. Und das »Kaashuys Den Hof« ist neben »De Kaasbolle« in der Smedenstraat eines der besten Käsegeschäfte der Stadt.

72 Der Nobelpreisträger

Einstein sitzt noch immer auf einer Bank in De Haan

Er: Nobelpreisträger, Emigrant, glühender Pazifist, Jude. Sie: geborene Wittelsbacherin und katholische Königin von Belgien und Mäzenin. Auch wenn es verwundern mag, zwischen Albert Einstein und Elisabeth von Belgien bestand eine tiefe Freundschaft, deren Fundament die Musik und das gemeinsame Musizieren bildete. Zudem unterhielten die beiden über viele Jahre eine rege Korrespondenz. Nicht Einsteins einzige Verbindung nach Belgien.

Im März 1933 sind Albert und seine Frau Elsa mit der »Belgenland«, einem Überseedampfer der belgisch-amerikanischen Reederei »Red Star Line«, auf dem Rückweg von einer Vortragsreise durch die USA. Noch an Bord erfahren sie, dass ihr Besitz in Berlin von den Nazis konfisziert wurde. Am 28. März, vier Tage nach Inkrafttreten von Hitlers Ermächtigungsgesetz, legt das Schiff in Antwerpen an. Den Einsteins ist klar, egal wie berühmt der Nobelpreisträger auch ist, als Jude gegen das Hitler-Regime aufzutreten ist eine lebensgefährliche Angelegenheit. Sie beschließen, auf keinen Fall nach Deutschland zurückzukehren, bleiben kurze Zeit in Mortsel bei Antwerpen und reisen anschließend weiter ins hübsche Küstenstädtchen De Haan. Sechs Monate werden die beiden dort leben, bevor sie endgültig in die USA emigrieren – Elsa von Antwerpen aus, Albert von Southampton.

Wobei: Albert Einstein sitzt noch immer auf einer Bank im schönen Belle-Époque-Villenviertel Concessie, das linke Bein übergeschlagen, ein Blatt Papier auf dem Schoß. Johnny Werkbrouck, eigentlich auf Marmor spezialisierter Bildhauer aus dem Nachbarort Torhout, hat die leicht überlebensgroße Bronzeplastik 2006 geschaffen. Einsteins Wohnhaus während des Aufenthalts in De Haan, die »Villa Savoyarde« in der Shakespearelaan 5, ist mit Gedenktafel und Hinweisschild gekennzeichnet. Zudem ist im Tourismusbüro eine Karte erhältlich, mit der man auf Einsteins Spuren durch das Belle-Époque-Viertel streifen kann.

Adresse Normandiëlaan 25, 8421 De Haan, www.toerismedehaan.be | **ÖPNV** Kusttram Linie 0, Haltestelle De Haan Aan Zee | **Tipp** Auf der Terrasse des leider stark veränderten Hauses hinter dem Denkmal, ehemals das Restaurant »Cœur Volant«, trank Einstein gelegentlich Kaffee mit dem belgischen Maler James Ensor. Im »Grand Hotel Bellevue« wohnte ein weiterer Emigrant, der Schriftsteller Stefan Zweig.

73_Das O

Ein gänzlich einmaliges Raritätenkabinett

Wie soll man das Geschäft an der Ecke Riddersstraat/Hoogstraat beschreiben? Man könnte es sich einfach machen und sagen, das »Depot d'O« sei ein Antiquitätenhandel, ein Raritätenkabinett, ein Ort voller interessanter Einrichtungsobjekte. Das stimmt zwar alles, aber die dürren Worte werden dem ausgesprochen vielfältigen Angebot nicht wirklich gerecht. Was Besitzer Kurt Michiels hier der Kundschaft präsentiert, sind Funde aus der ganzen Welt, die höchstwahrscheinlich niemand wirklich braucht, die aber gleichzeitig den Reiz ausstrahlen, unwiderstehlich zu sein. Eine wilde Mischung aus Kunstobjekten, Antiquitäten, Design, Kuriositäten, Tribal, Vintage und ausgestopften oder präparierten Tieren der sonderlichsten Gattungen und das alles von ausgesuchter Qualität. Am besten schaut man sich den Laden selbst mal an – sicherheitshalber nachdem vorher ein Termin mit dem Chef des Hauses vereinbart wurde.

Schon die vier Schaufenster vermitteln einen Eindruck von dem reichhaltigen Sortiment, das sich im Inneren des Geschäfts verbirgt. Das reicht von Werbeschildern aus Metall oder Emaille bis zu Karussellpferden, von Lampenklassikern bis zu Fechtwesten aus Leder und MGM-Filmplakaten. Neben afrikanischen Masken gibt es mit Schnitzereien verzierte Türen aus Indonesien, alte Hackklötze aus Metzgereien, außerdem Büsten, Bücher und medizinische Modelle. Mittendrin prangt ein Michelin-Männchen, und überall entdeckt man taxidermische Raritäten von Vögeln bis zum Mondfisch oder einem Kudu-Kopf aus Südafrika. Je nachdem, was Michiels auf seinen Reisen eben gefunden hat und zum Weiterverkauf erstehen konnte. Nichts davon muss jedem gefallen, weniges hat praktischen Nutzwert, aber so ziemlich alles bringt ein »O« auf die Lippen und in die Einrichtung. Und damit wäre dann auch der Name des Geschäfts erklärt: »Putting the O into interior« heißt das Motto.

Adresse Riddersstraat 21, 8000 Brügge, Tel. +32 (0)495/236595, www.depotdo.be | ÖPNV Bus 6, 16, Haltestelle Molenbrug; Bus 4, 14, 90, Haltestelle Markt | Öffnungszeiten nach Absprache, Mo und Do–Sa 14–18 Uhr, Di, Mi, So geschlossen | Tipp In der Hoogstraat gibt's drei weitere Fundgruben zum Stöbern. Im »Huys de Kroon« (Nr. 25) werden Vintage-Poster und Filmplakate angeboten. Didier Abbeloos (Nr. 31) und Frederick De Clerck (Nr. 28) handeln mit moderner Kunst und alten Möbeln.

74 Der Obstgarten

Das Priesterseminar an Hemelrijk und Oliebaan

Hinter hohen Mauern fast verborgen liegt das Priesterseminar von Brügge. Die Domäne auf dreieckigem Grundriss am Potterierei ist ein eigener Stadtteil, dessen Ausdehnung nur ermessen kann, wer ihn entlang Potterierei, Oliebaan und Peterseliestraat umwandert. Wer dabei über die Mauer schaut, sieht mitten in der Stadt Obstbäume und Weiden mit grasenden Kühen. Die beiden großen roten Tore am Kanal Langerei sind immer geöffnet, sodass Besucher den Vorgarten und die schlichte, gleichwohl beeindruckende Architektur der ehemaligen Abtei ebenso bewundern können wie die hinter dem Querriegel befindlichen Obstgärten. Auf den Wiesen grasen Kühe.

Von 1628 bis 1642 erbaut, war die Zisterzienserabtei Zuflucht der Mönche des reichen Klosters »Ten Duinen« bei Veurne. Die »Dünenherren« flohen vor dem sich ausbreitenden Calvinismus zuerst nach Ter Doest und dann hinter Brügges Stadtmauern. Während der Französischen Revolution wurde die Abtei säkularisiert, Abt und Mönche vertrieben. Sie wurde nacheinander Lazarett, militärisches Arsenal und königliches Gymnasium, bis sie 1833 das Priesterseminar aufnahm, in dem bis 2018 katholische Geistliche ausgebildet wurden. Heute ist sie Aus- und Fortbildungsstätte des Bistums und beherbergt eine Abteilung der Universität der Vereinten Nationen und des Europakollegs. Der gesamte Gebäudekomplex behielt aber seinen historisch gewachsenen Grundriss mit der spätklassizistischen Kirche der heiligen Maria und der gotischen Kirche Onze-Lieve-Vrouw ter Potterie. An den Chor der Maria-Kirche schließt sich im Osten der große Kreuzgang an, um den sich die verschiedenen Flügel der ursprünglichen Abtei gruppieren. Von der Oliebaan zweigt, ungepflastert und voller Schlaglöcher, eine alte Straße namens Hemelrijk (Himmelreich) ab. Zwischen ihren Ziegelmauern, ohne jedes Tor und nur von Gaslaternen beleuchtet, scheint die Zeit stehen geblieben zu sein.

Adresse Potterierei 72, 8000 Brügge, Tel. +32 (0)50/330362, www.kerknet.be/grootseminarie-ten-duinen | ÖPNV Bus 4, 5, 7, 9, 14, 15, 17, 25, Haltestelle J&M Sabbestraat | Öffnungszeiten Mo–Fr 8.30–12 Uhr, aber nur nach Absprache | Tipp Die zierliche Hebebrücke aus Holz, die den Kanal überspannt, heißt Ter Duinenbrug. Obwohl viel jünger als sie erscheint, trägt sie den Namen der ehemaligen Abtei.

75_Der Oesterput

Meeresfrüchte aus Blankenberge

Die Geschichte beginnt 1885 mit Pieter Devriendt, genannt Pito, und seinem Großhandel für Fisch und Schalentiere. 1888 ließ er in Blankenberge Becken für eine Austernfarm ausheben, die erste an der belgischen Küste. Wo heute die N34 rechtwinklig am Hafenbecken abknickt, verzeichnen alte Karten die Austern- und Hummerfarm Devriendt. Fortan konnte man im »Grand Parc Aux Huitres« Austern, Langusten, Miesmuscheln und Hummer genießen, dazu Wein vom Rhein und der Mosel oder aus Bordeaux. Die zweite Zuchtfarm wurde sieben Jahre später am heutigen Standort errichtet, an der Ecke Breydel-/Bakkersstraat zusätzlich ein Stadtgeschäft. Grundstein einer Erfolgsgeschichte, unterdessen in fünfter Generation fortgeführt von Piet Devriendt, seiner Frau Caroline und ihren zwei Söhnen.

Ende der 1930er Jahre wurde die Austernzucht erheblich eingeschränkt. 1967 musste die erste Farm einer Schnellstraße und einem hässlichen Apartmentblock weichen, und auch wenn das Unternehmen weiterhin als Austernzucht firmierte, irgendwann produzierte es keine eigenen Austern mehr. Hummer wurden dagegen weiterhin aus Kanada importiert. Erhalten geblieben war der Großhandel für Frischfisch und Schalentiere. 1986 wurde dann das Restaurant »Oesterput« in der restaurierten Scheune des zweiten Zuchtbetriebs eröffnet, keine 100 Meter vom Strand entfernt, und schlug ein wie eine Bombe. Rechts die offene Küche, um den Köchen bei der Arbeit zuzuschauen, links die großen Betonbecken, gefüllt mit Hunderten lebender Hummer und Krabben, und dazwischen lange Tische und Bänke für die Gäste.

Wer den »Oesterput« besucht, weiß, was er will und bekommt: Tradition und absolute Frische. Hummer, Nordseekrabben, Schnecken, Austern von der Île d' Oléron (*creuses* und *plates*), Jakobsmuscheln, auch Fisch wie Lotte und Seezunge. Der Himmel für Liebhaber von Meeresfrüchten – für Fleischesser und Vegetarier dagegen ungeeignet.

Adresse Wenduinse Steenweg 16, 8370 Blankenberge, Tel. +32 (0)50/411035, www.oesterput.com | ÖPNV Kusttram Linie 0, Haltestelle Wenduine Harendijke | Öffnungszeiten Mi–So 12–13.30 und 18–20.30 Uhr | Tipp »Staketsel« (Lattenzäune) heißen die beiden Piers, die hinter der Düne weit ins Meer hinausreichen. Traumhaft schön. Im Westen ein Leuchtturm, im Osten eine Bar. Unter dem Titel »Beaufort« sind über 40 Kunstwerke an den Stränden installiert, und es werden jährlich mehr.

76 Der Paravang

Ein Windschutz aus der Vergangenheit

Ende des 19. Jahrhunderts war Blankenberge ein hübscher Ort mit 6.000 Einwohnern, der sein Augenmerk auf die noch junge Mode »Baden im Meer« richtete. Klassizistische Villen und schmale, wenngleich noble Reihenhäuser im Belle-Époque-Stil mit reichen Verzierungen aus Schmuckfliesen prägten das Bild. Davon ist wenig geblieben. Schuld daran tragen nicht die Weltkriege, sondern die Gier der Immobilienbranche. Ihr Ziel, möglichst viele Menschen kostengünstig unterzubringen und möglichst viele Apartments in »Bestlage« zu verkaufen, hat den Ort verschandelt. Nur im Zentrum rund um die Sint-Rochuskerk kann man von der Weststraat bis zur Rogierlaan noch Reste der alten Pracht finden. Und dann ist da noch der Paravang.

1908 wurde das Belle-Époque-Kleinod, natürlich unter der korrekten französischen Bezeichnung »Paravent«, im Hafenbereich aufgestellt. Ein in Ost-West-Richtung ausgerichteter, 200 Meter langer Windschutz, der sich zum Yachthafen und auf der anderen Seite zum Leopoldpark öffnet, gebaut, um Wanderer vor widrigen Wetterbedingungen zu schützen. Wenn etwas die Historie der Stadt als Luxusbadeort belegt, dann dieses Relikt der Badekultur vor dem Ersten Weltkrieg.

In einem alten Architekturbrevier heißt es: »Doppelter, offener Laufgang, bestehend aus dunkelgrün gestrichenen Stützen mit weißen Rosetten. Ajour-Ausleger, die eine nüchterne, rein funktionale Glaswand tragen.« Heute müsste man der nüchternen Beschreibung wenigstens hinzufügen: einfach nur schön. Auf beiden Seiten der gläsernen Trennwand sind Holzbänke installiert, auf der Seite zum Hafen hin eine gusseiserne Balustrade mit Blumenkästen. Der Paravang hat ein durchgehendes, mit Holz verkleidetes Satteldach. Dazu erneut das Brevier: »Schön gestaltete Dacheindeckungen mit neugotischen und exotischen Einflüssen, glasierte Dachziegel in verschiedenen Grün- und Blautönen und Firstziegel mit weißen Muschelmotiven.«

Adresse Havenstraat, 8370 Blankenberge | ÖPNV Kusttram Linie 0, Haltestelle Blankenberge Markt; Bus 38, Haltestelle Blankenberge Park | Tipp Das Rathaus (1680) in der Kerkstraat 41 lohnt die Visite. Ebenso das Viertel um die Rochuskirche und das Museum in der Elisabethstraat. Die beiden schönsten Belle-Époque-Gebäude sind Malecotstraat 24 und »Huis Duisburg« in der Weststraat 25–27.

77_Das Paula Mostaert

Hotdogs á la Haute Cuisine

Gäbe es denn so etwas wie einen übergreifenden Nationalcharakter, könnte über die Flamen gesagt werden, dass sie fröhliche und ausgesprochen sinnenfreudige Genießer mit starkem Drang zum Experiment sind. Für Anhänger der Diätkost ist Flandern jedenfalls denkbar ungeeignet. Weniges an weltlichen Genüssen erscheint Flamen fremd oder gar sakrosankt, alles kann, darf, ja muss probiert werden.

In diesem Sinne eröffneten Sarah Perquy und Bernard Degryse Ende 2018 ihr Restaurant »Paula Moestart« in einem Bürgerhaus in einer der ältesten Straßen im Zentrum. Kein 08/15-Lokal, sondern in jeder Hinsicht etwas Besonderes. Das beginnt schon mit der Jugendstil-Ladenfront, kunstvoll gestaltet 1911 vom Brüsseler Architekten Joseph Lenoir aus schwarz poliertem Holz: ganz links die ehemalige Dienstbotentür, dann die zwei großen Schaufenster und mittig zwischen den gebogenen Scheiben eingelassen die Tür ins Lokal. Die schönste »Vitrine« der Stadt.

Dahinter erstreckt sich ein großer, offener Barraum mit Sicht auf die Küche hinter der Theke. Im zweiten Stock eine geschmackvoll eingerichtete Galerie und eine hübsche Terrasse. Zu essen gibt es neben knackfrischen Salaten ausschließlich Hotdogs. Aber kein fettes Billig-Fast-Food, sondern Hotdogs á la Haute Cuisine. In das Biobrot kommt entweder eine Wurst aus regionalem Ökofleisch oder eine vegane Variante aus Seitan. Dazu Toppings von Sauerkraut über Schimmelkäse bis zu Feigen, Hummus, Jalapeños oder Cashewkernen, nicht zu vergessen Senf. Sehr crazy, aber auch sehr gut. Und das in üppigen Portionen. Frische Limonade und diverse Biere runden das Angebot ab. Tagsüber kommen Schüler, Studenten und Touristen, abends wird das Resto zur Viertelskneipe, am Wochenende mit live aufgelegten Vinyl-Schätzchen. Ach ja: Paula Mostaert – zu Deutsch: Senf – ist der Name von Sarahs verstorbener Großmutter. Einen passenderen kann man kaum finden.

Adresse Geldmuntstraat 9, 8000 Brügge, +32 (0)50/339341, www.facebook.com/paulamostaertbruges/ | ÖPNV Bus 4, 14, 90, Haltestelle Markt | Öffnungszeiten Mi–Sa 12–1 Uhr, So–Di geschlossen | Tipp Wer spätabends noch nach einer echten Bierkneipe ohne Chichi sucht, dem sei das »Brugs Beertje« in der Kemelstraat empfohlen. Bei der Auswahl sollte man sich beraten lassen, wie von einem guten Wein-Sommelier.

78 Der Pier

Blankenberges Brücke ins Meer

Eine rund 350 Meter lange und zwölf Meter breite Brücke führt in Blankenberge geradewegs ins Meer, an ihrem Ende ein runder Glaspalast auf zwei Etagen mit breiter, umlaufender Veranda: Das ist der Belgium Pier, mittlerweile als Kulturgut von nationaler Bedeutung anerkannt, weil einzigartig, zumindest in Belgien. Vergleichbare Orte gibt es sonst nur auf der anderen Seite des Ärmelkanals, in Blackpool oder Brighton.

Schönheit und Kraft der Nordsee lassen sich kaum irgendwo so intensiv erleben wie auf dem Pier, erst recht bei Wind oder Sturm. Mit einer bewegten Geschichte kann auch der Bau selbst aufwarten. 1873 stellte der Engländer John Hendrey erstmals den Antrag, einen Pier bauen zu dürfen, damals der letzte Schrei in mondänen Seebädern. Doch Blankenberge lehnte ab. So erging es auch anderen, bis die Stadt schließlich 1888 den Antrag des Brüsseler Architekten Émile Hellemans (1853–1926) annahm. Im Februar 1894 wurde mit dem Bau einer gusseisernen Anlage im Jugendstil begonnen, am 12. August des Jahres war bereits feierliche Eröffnung. Der Pier mit dem achteckigen Glaspalast an der Spitze erfreute sich großer Beliebtheit, bis die deutschen Besatzer den Bau im Oktober 1914 zerstörten.

Im Juli 1933 wurde ein neuer Pier aus Beton eingeweiht mit Palast im Art-déco-Stil, entworfen von Jules Soete (1881–1955). Mehrmals folgten umfangreiche Renovierungen, weil der Beton aufgrund des ständigen Kontakts mit Salzwasser Schäden erlitt. Das Rondell im Meer war zunächst ein Vergnügungspark namens »Luna Staar«, später Restaurant, dann Casino. Später wurde es für Ausstellungen genutzt, zum Beispiel von Märklin-Eisenbahnen – warum auch immer. Als Publikumserfolg erwies sich die Ausstellung »Sturm«, schließlich war der Pier der ideale Ort für die Präsentation eines Hurrikan-Simulators. Seit 2017 ist der Glaspavillon wieder Restaurant mit Lounges und Bars. 2022 wurde der gesamte Steg erneuert.

Adresse Zeedijk 261, 8370 Blankenberge, Tel. +32 (0)50/433750, www.belgiumpier.be | ÖPNV Kusttram Linie 0, Haltestelle Blankenberge Pier | Öffnungszeiten Mo–Sa 11–22 Uhr, So 11–21 Uhr | Tipp Es gibt ein gutes Dutzend Strandbars in Blankenberge, wo man mit Blick aufs Meer einen Drink zu sich nehmen kann. Deren Konzession gilt wochentags aber nur bis 20 Uhr und am Wochenende bis 21 Uhr.

79 Die Plakette

Erinnerung an ein vergessenes Massaker

In der Wollestraat 35 gelangt man durch einen Torbogen in den Hof des Hotels »Bourgoensch Hof« und zum wohl schönsten Aussichtspunkt der Stadt – besonders nachts. Selten findet die Plakette im Durchgang Beachtung, obwohl die meist mit Blumen geschmückt ist. Sie erinnert an vier Brügger, die am 20. Mai 1940 ermordet wurden. Vier Menschen, die sich niemals hätten vorstellen können, im selben Zusammenhang aufzutauchen, vier Menschen, die bei einem absurden Kriegsverbrechen getötet wurden.

Aus Angst vor einer »Fünften Kolonne« erstellten auch belgische Behörden Listen mit angeblichen Kollaborateuren. Am 10. Mai 1940, dem Tag des Nazi-Überfalls, wurden die Gelisteten verhaftet, unter ihnen echte Kollaborateure (Nazi-Spione und belgische Rechtsradikale), aber auch Kommunisten, Ausländer und Juden. 79 Gefangene wurden am 15. Mai aus Brügge nach Frankreich überstellt. Der belgische SS-Obersturmbannführer Léon Degrelle wurde an der Grenze erkannt und erschlagen, die anderen 78 nach Abbeville gebracht und im Keller eines Musikpavillons eingesperrt. Am 20. Mai, panisch nach schwerem deutschen Bombardement, holten französische Soldaten auf Befehl ihres Hauptmanns Gruppen von Gefangenen ab, um sie zu erschießen, ohne jedes Gerichtsverfahren. Bevor ein vorbeifahrender Offizier die Hinrichtungen stoppte, waren 21 Menschen ermordet worden, darunter vier italienische Antifaschisten, vier Deutsche, je ein tschechischer und ein ungarischer Jude, ein Mönch, ein kommunistischer Gemeinderat von Brüssel-St. Gilles, der kanadische Trainer der deutschen Eishockeynationalmannschaft und eben die vier Brügger Bürger, denen die Gedenktafel gewidmet ist. Auch sie hätten unterschiedlicher kaum seien können. Ermordet wurden: Maria Ceuterick, grundlos anstelle ihres Stiefsohns verhaftet, der Kommunist Louis Caestecker, der belgische Faschist Joris van Severen und sein Sekretär Jan Ryckoort.

Adresse Passage Wollestraat 35, 8000 Brügge | **ÖPNV** Bus 1, 4, 6, 11, 12, 14, 16, 91, Haltestelle Dijver | **Tipp** Die beiden gewaltigen Bisons, die auf der Canadabrug ihre schweren Schädel kampfbereit senken, sind ebenfalls ein Denkmal. Sie erinnern an ein Regiment der kanadischen Armee, die »12th Manitoba Dragoons«, die am 12. September 1944 Brügge befreiten.

80_Der Plattenladen

Im »Cherry Picker« gibt's nicht nur auf die Ohren

Schon seit einigen Jahren ist Vinyl wieder schwer in Mode. Viele Musikenthusiasten bevorzugen Schallplatten gegenüber CDs oder gar Streamingdiensten. Aber in Brügge war es schwer, Vinylplatten zu finden. Ja, Jazz und Klassik bei »Rombaux« oder Secondhandware bei »Den Elder«, aber für Freunde von Rock und deutlich jüngerer Musik gab es lange Zeit wenig bis nichts. Ebendas wollten die beiden Freunde Jesse Gryson und Cedric Verstraete ändern und gründeten so kurzerhand einen Laden, »in dem sie selbst gerne Kunden wären«.

Der »Cherry Picker«, Plattenladen und Bar in einem, ist der ideale Ort, um bei einem Kaffee oder einem Bier – auch das ist im Angebot – nach Rosinen zu stöbern, dabei bekannte oder gänzlich neue Musik zu hören und ein wenig zu fachsimpeln. Die beiden in Brügge geborenen jungen Männer betonen, mit Absicht nicht ins Zentrum gegangen zu sein. Ihr Geschäft liegt abseits der gängigen Touristenpfade im Osten der historischen Altstadt zwischen Coupure und Kruispoort und richtet sich in erster Linie an Menschen aus Brügge und Umgebung, die die Musikbegeisterung der Freunde teilen. Das Sortiment ist breit gefächert, reicht von Alternative Rock über Pop aus Belgien bis zu Trip-Hop und World Music. Es gibt Blues und 70er-Jahre-Soul ebenso wie Electronic Dancehall sowie jede Menge unterschiedlicher Stilrichtungen zwischen ABBA und AC/DC.

Nicht allein die Musik macht gute Laune, auch die schweren alten Holzbalken der Decke, die Bar und das Mobiliar tragen zum Wohlfühlambiente bei. Ihr erklärtes Ziel, ein Geschäft zu führen, in dem man sich gerne aufhält, haben Cedric und Jesse ganz sicher erreicht. Es gibt Kunden, die nach der einen, ganz bestimmten Platte suchen, solche, die sich überraschen lassen wollen, und andere, die einfach nur gute Musik in angenehmer Atmosphäre hören wollen. Man kann also auch kommen, wenn man gerade nicht auf der Suche nach Rosinen ist.

Adresse Langestraat 74, 8000 Brügge, Tel. +32 (0)494/835402, www.cherrypicker.be | ÖPNV Bus 6, 16, Haltestelle Gerechtshof | Öffnungszeiten Mo – Sa 11 – 18 Uhr, So geschlossen | Tipp Bücher und Platten aus zweiter Hand gibt es bei »Den Elder« nur wenige Meter weiter (Nr. 84). In der bildschönen Geigenbauer-Werkstatt am Mallebergplaats 13 verkauft die »Lutherie Rombaux« hochwertige Instrumente (auch Klaviere und Gitarren) sowie Schallplatten, insbesondere Klassik und Jazz.

81 Der Platz

Der Admiraal Keyesplein atmet britisches Flair

Der wohl attraktivste Ort in Zeebrugge ist der Admiraal Keyesplein. Mitten im geschäftigen Treiben des Hafens gelegen, ist hier von Hektik nichts zu spüren. 113 zweistöckige ehemalige Arbeiter- und Fischerhäuser aus rotem Backstein mit weißen Schmuckelementen und hübschen Treppengiebeln versehen, stehen rund um einen nahezu geschlossenen Platz. Mit der von Ligusterhecken umgebenen Rasenfläche in der Mitte erinnert er an englische »Garden Squares«, urbane grüne Wohnviertel, wie man sie zum Beispiel in London findet. Man erreicht ihn über die Vindictivestraat sowie zu Fuß durch zwei überbaute Torbögen zur Wielingenstraat und zur Blokschepenstraat.

Der Platz – im Volksmund »De Ronde« genannt – liegt im Zentrum des Stadtteils Zeemanshaard, zu Deutsch Fischerherd, der ab dem Jahr 1921 errichtet wurde, um günstigen Wohnraum für Familien aus dem Nachbarort Heist zu schaffen, die hier, unweit der Seeschleuse Visartsluis, angesiedelt werden sollten. Entworfen hat das gesamte Ensemble die eigentlich für ihre Jugenstilbauten bekannte Brüsseler Architektin Camille Damman (1880–1969), die sich hier allerdings an Ideen englischer Stadtplaner orientierte. Seinen Namen erhielt der Platz bereits ein knappes Jahr bevor die Architektin 1925 ihren Entwurf einreichte. Er ehrt den britischen Flottenadmiral Baron Roger Keyes (1872–1945), unter dessen Kommando im April 1918 die deutschen U-Boot-Bunker in den belgischen Häfen Oostende und Zeebrugge blockiert wurden.

Die Visartsluis, bei der Anlage des Hafens als erste Schleuse von 1896 bis 1904 errichtet, ist heute nur noch ein unscheinbares Zwischenbecken an der Kapitein Fryattstraat. Da sie im Laufe der Zeit weder den zunehmenden Verkehr noch die Größe der Schiffe bewältigen konnte, wurde sie in den 1970er Jahren durch die erheblich größere Pierre Vandammesluis ersetzt. Geblieben sind aber die schmucken Wohnhäuser rund um den Keyesplein.

Adresse Admiraal Keyesplein 1, 8380 Zeebrugge | ÖPNV SNCB L 579, Haltestelle Zeebrugge-Dorp, dann Kusttram De Panne–Knokke, Haltestelle Zeebrugge-Kerk | Tipp Die zweiarmige Klappbrücke im Süden der 500 Meter langen Pierre Vandammesluis ist ein erstaunliches technisches Meisterwerk. Für Lkw-Fahrer, die sie nicht umfahren können, allerdings eher ein arges Hindernis.

82 Die Poldermühle

Die große Mühle von Meetkerke

Eines gleich vorweg: Die schöne Mühle von Meetkerke liegt relativ weitab vom Schuss. Es führen ausgeschilderte Rad- und Wanderwege ins Poldermoor bei Zuienkerke, doch man muss schon wirklich hierher wollen, am besten also bei einer Radtour. Die lohnt sich allemal. Von Brügge sind es knapp acht Kilometer.

Die große runde Steinmühle ist weiß gestrichen und mit ihrer Höhe von 18 Metern in der flachen Polderlandschaft weithin sichtbar. Sie ist ein sogenannter Grundsegler oder Erdholländer, was besagt, dass ihre Flügel nahezu die gesamte Mühlenhöhe bestreichen und fast bis zur Erde reichen. Vor allem ist sie die einzige noch existierende Poldermühle in Belgien, die zusätzlich zu ihren Flügeln mit einem Schaufelrad ausgestattet ist, um Wasser abpumpen zu können. Sie liegt am Rande des Meetkerkse Moeren, einem früheren Torfgebiet. Hier baute man im 10. und 11. Jahrhundert Torf ab, der als Brennmaterial nach Brügge geliefert wurde. So entstand eine sumpfige Senke. Ab 1502 wurden Pläne entwickelt, das Gebiet zu entwässern. Die Religionskriege verzögerten deren Umsetzung. Erst 1617 wurde ein Erd-Ringdeich angelegt, und ab 1623 waren zwei Holzmühlen in Betrieb, die »Kleine Molen« und die »Grote Molen«, deren Schaufelräder das Wasser in den Kanal nach Blankenberge ableiteten.

Die Kleine Mühle wurde 1868 abgerissen und durch eine Pumpanlage ersetzt. Die Große Mühle brannte schon 1810 ab. Ferdinand Slabbinck aus Sint-Michiels ließ 1811 umgehend die jetzige Steinmühle bauen, die über 100 Jahre, bis 1928, im Einsatz war. Nach dem Zweiten Weltkrieg lebte hier ein Mönch, wie in einer Einsiedelei. In der Folge verfielen vor allem die Mahlwerke, auch wegen unklarer Besitzverhältnisse. Erst 2014 wurde die Mühle fachgerecht restauriert. Sie ist heute in Privatbesitz und daher – außer am alljährlichen flämischen Mühlentag – in der Regel nur von außen zu besichtigen.

Adresse Biezenstraat 5, 8377 Meetkerke-Zuienkerke | ÖPNV von Brügge Bus 31, 35, Haltestelle Meetkerke-Breughelhof, dann knapp 2 Kilometer zu Fuß, besser mit dem Rad zu erreichen | Öffnungszeiten selten und nur nach Absprache: Dr. Robert Depondt, Tel. +32 (0)475/270283 | Tipp In Gistel kann die Oostmolen besichtigt werden, und in Klemskerke ist die Dorpsmolen einen Besuch wert. Die Hoekemolen bei Damme hat am ersten und dritten Sonntag des Monats vormittags geöffnet. In Ramskapelle gibt es die Callantmolen, die zum Restaurant »De Kruier« der Brüder Callant gehört.

83__Der Praalboog

Von Namen und Geschichte(n)

1575 erwarben Kartäusernonnen zahlreiche Gebäude in der heute nach ihnen benannten Straße, um sich dort niederzulassen. Die Kapelle ihres Klosters wurde 1893 Militärkapelle und später in ein Ehrenmal für die Opfer der beiden Weltkriege umgewandelt. In diesem Zusammenhang wurde der Eingang zur Kartuizerinnenstraat neu gestaltet und in den Jahren 1929/1930 der Praalboog errichtet. Die Erinnerungsstätte sollte einen angemessenen Rahmen erhalten. Für einen Triumphbogen oder ein Ehrenmal ist der eher schlicht: Der Bogen mit der Inschrift »PRO PATRIA« im Fries überspannt zwei Dreiviertelsäulen, die auf viereckigen Sockeln stehen. Er zeigt außerdem die Wappen von Flandern (rechts) und von Brügge. An beiden Seiten des Portikus stehen Ziervasen, in der Mitte halten zwei Löwen ein gekröntes und blau-golden bemaltes belgisches Wappen, darunter die Inschrift »Einigkeit macht stark«. Der Entwurf stammt vom damaligen Direktor der Städtischen Akademie Brügge, dem Bildhauer Jules Fonteyne (1878–1964).

Die meisten Passanten gehen denn auch achtlos vorbei, schon weil kaum jemand weiß, worum es sich handelt und weil das Bauwerk für einen Triumphbogen eben so unscheinbar ist. Man könnte es für den Toreingang einer Privatgasse halten. Damit übersehen sie auch die anderen Teile des Ehrenmals. An der Außenmauer der Kapelle befinden sich sieben Gedenktafeln aus weißem Marmor mit den Namen der Opfer beider Weltkriege, getrennt nach Soldaten und zivilen Opfern, Deportierten, politischen Gefangenen und Hingerichteten. Fünf Tafeln für die Toten des Ersten Weltkriegs, zwei für die des Zweiten.

Ein Tor mit der schlichten Inschrift »Gedenkt ons« führt in die Krypta unter der Militärkapelle zum Sarkophag des Denkmals. Die Figur darauf erhielt die Gesichtszüge eines am 9. August 1918 in Langemark gefallenen belgischen Soldaten. Daneben wird der im KZ Dachau ermordeten Häftlinge gedacht.

Adresse Kartuizerinnenstraat 2, 8000 Brügge | **ÖPNV** Bus 1, 88, 91, Haltestelle Wollestraat | **Tipp** Reste eines deutschen MG-Bunkers aus dem Zweiten Weltkrieg sind noch an der Wittemolenstraat (Sint-Michiels) zu sehen. Dieser wurde Pfingsten 1944 bombadiert, um die Landung der Alliierten in der Normandie vorzubereiten. Dabei starben 19 Soldaten und 40 Zivilisten.

84__Der Pulverturmpark

So schön, so einsam

Der versteckt liegende Poertorenpark verdankt seinen Namen dem gleichnamigen Turm neben der Minewaterbrug. Auf den Stadtwällen südlich des Beginenklosters ließ Jan van Ouedenaerde ihn als Teil der Stadtbefestigung aus Backstein errichten (1398–1401). Der 18 Meter hohe Turm trägt seinen Namen zu Recht: Er war das städtische Lager für Schießpulver. 1665 wurde er umgebaut und für einige Jahre auch als Walkmühle genutzt, später diente das Untergeschoss zudem als Eiskeller. Der Turm hat drei Geschosse und ein Flachdach. Ab dem zweiten Stockwerk ist außen ein mehreckiger Treppenturm mit Schießscharten und Zeltdach angebaut.

Das Gros der Spaziergänger bewundert kurz den Turm mit seinem roten Lastkran, um dann weiterzugehen auf die Minnewaterbrug. Zugegeben, die Brücke ist hübsch und bietet einen zauberhaften Blick. Aber dann verpasst man den wunderbaren kleinen Park, besser gesagt den romantischen Garten, in den man über die geschwungene Eisentreppe rechts vom Turm gelangt. Am Minnewater und Begijnenvest gelegen, wachsen hier von Akelei bis Zinnien die unterschiedlichsten Blumen. Eisenkraut, Löwenmäulchen und Stockrosen stehen in mit Weidenflechtwerk umrandeten Beeten. Unter Obstbäumen laden Bänke zur Rast ein und dazu, Fischreiher zu beobachten. Man trifft selten andere Besucher, und wenn, dann solche, die ebenfalls Abgeschiedenheit suchen. Ein Platz zum Entspannen und Träumen.

Das Minnewater wird oft, abgeleitet vom mittelhochdeutschen Wort *Minne*, als See der Liebe oder der Liebenden bezeichnet. Es gibt auch die Legende von einer jungen Frau namens Minna, die vor einer Zwangsheirat in die Wälder floh. Als ihr Geliebter aus dem Krieg heimkehrte, fand er Minna sterbend und begrub sie im See. Beides sehr romantisch, aber wohl unzutreffend. Sprachwissenschaftler leiten das Wort eher ab von *Middenwater* oder von *Meene*: Und das Becken war ein Binnengewässer im Besitz der Gemeinde.

Adresse Begijnenvest, 8000 Brügge | **ÖPNV** Bus 12, Haltestelle Bargeplein / Katalijnparking oder fast alle Linien, Haltestelle Brügge Bahnhof | **Tipp** Am Ostufer des Minnewater steht das neugotische Schloss der adligen Familie de la Faille, das 1893 erbaut wurde – heute ein Restaurant. Bei Kaffee und Kuchen kann man hier die Aussicht auf Minnewater, Schleusenhaus und Beginenhof genießen.

85 Die Puppenstube

Mittelalter pur in der Straße der Töpfer

400 Jahre Dornröschenschlaf haben Brügges mittelalterlichen Charme umfassend bewahrt. Bisweilen hat man das Gefühl, in einer Puppenstube zu sein. Wie aus der Zeit gefallen wirkt die gepflegte Einheitlichkeit der Architektur – besonders an herbstlichen Abenden, erst recht bei Nebel. Die Steigerung, so etwas wie die Puppenstube der Puppenstube, ist das Geviert von Pottenmakersstraat, Ezelbrug und Grauwwerkersstraat. Fast schon unwirklich schön.

Die erste Ezelbrug aus Stein wurde 1370 gebaut. Die jetzige ist rund 300 Jahre jünger. Ursprünglich war hier auch die Ezelpoort (Eselstor), die später im Zuge der Stadterweiterung 600 Meter nach Norden verlegt wurde. Zwei Häuser hinter der Brücke beginnt rechts die Pottenmakersstraat. Um 1350 sind hier mehrere Töpfereien verbrieft, seitdem trägt die Straße ihren Namen. Auch ihr Verlauf blieb im Prinzip unverändert. Schmal und gepflastert, schwingt sie sich im Rechtsbogen zum Wasser hin. Viele der Häuser auf der Südseite haben ein Tor, eine Treppe oder ein Gärtchen zum Kanal. Obwohl jedes zweieinhalbgeschossige Haus sein individuelles Gepräge hat, vermittelt sich das homogene Bild einer sehr alten Wohngasse. Erst im letzten Drittel wird die für den Autoverkehr zu schmale Straße etwas breiter. Hier ist sie nur noch auf der Nordseite bebaut. Zum Pottenmakersrei gibt es lediglich eine flache Kaimauer. Der halbrunde Turm am gegenüberliegenden Ufer ist der einzige verbliebene Rest der ersten Stadtmauer aus dem Jahr 1127/28.

Das Haus Nummer 18 galt eine Zeit lang als Ikone des Guerilla-Gardening. Anwohner haben die Ruine ohne Dach mit Hunderten Topfpflanzen in einen malerischen Stadtgarten verwandelt. Die Tür ist mit einer Kette gesichert, aber man kann sie einen Spaltbreit aufdrücken. Dann sieht man nicht allein die schönen alten Zementfliesen, sondern gewinnt auch einen Eindruck von der Größe der Häuser in dieser Straße.

Adresse Pottenmakersstraat, 8000 Brügge | **ÖPNV** Bus 3, 13, Haltestelle Sint-Jakobskerk | **Tipp** Von der anderen Seite sind die Reste der alten Stadtmauer wie auch der schöne Garten davor nur an den »Tagen des offenen Denkmals« (Anfang September) zu besichtigen. Einen Eindruck von der Innenarchitektur gewinnt man am Kamin des Lokals »Pieter Pourbus«.

86 Der Quantensprung

Das gelungene Konzept des »Para Ti«

Grundlegende Neuerungen werden gar nicht so selten außerhalb der modernen Zentren erdacht und ausprobiert. So auch das »Para Ti«, der erste vollautomatische Supermarkt in Belgien. Konzipiert als Dorfladen, als Ersatz für die immer schlechter werdende Grundversorgung am Stadtrand und auf dem Land. Im Mai 2019 eröffnete das Brüderpaar Corneel und Tom Martens, beide Mitte 20, das erste »Para Ti« in Beernem, einer kleinen Gemeinde im Umland. Ein Jahr später folgte der Laden an der Leopold II-laan im Norden Brügges. Unterdessen gibt es zwei weitere Filialen.

Das »Para Ti« ist täglich rund um die Uhr geöffnet und bietet ein Sortiment von rund 300 Grundnahrungsmitteln. Dabei handelt es sich ausschließlich um regionale Produkte: frisches Obst, Kartoffeln und Gemüse, Fleisch und Fisch, Säfte, Marmelade und Backwaren. Aber es gibt weder Personal noch Kassen: Alles funktioniert per Handy, vom Eintritt bis zum Bezahlen. Das »Para Ti« ist der geglückte Versuch, »öko« und »bio« modern zu gestalten. Alle Produkte werden in geschlossenen Kühl- und Gefrierschränken und Regalen mit Glasfront gelagert. Mit einer App auf dem Smartphone öffnen die Kunden per QR-Code die Ladentür und sämtliche Schränke. Unter den Regalen und Kühlgeräten registrieren Sensoren, was genau entnommen wurde. Die App ist mit der Bankkarte verknüpft. Beim Verlassen des Geschäfts werden die Kosten des Einkaufs überwiesen.

So werden mehrere Fliegen mit einer Klappe geschlagen: Kunden erhalten frische Ware von lokalen Erzeugern, dafür garantieren die Betreiber des »Para Ti«. Und die Bauern der Region müssen weder eigenständig Hofverkäufe organisieren noch die zuweilen erpresserischen Konditionen großer Handelsketten erfüllen. Das Konzept funktioniert, weil der Einkauf digital, aber völlig unkompliziert abläuft und auch soziale Aspekte nicht zu kurz kommen. Kunden plauschen hier so ausgiebig wie im Tante-Emma-Laden.

Adresse Leopold II-laan 134, 8000 Brügge, Tel. +32 (0)472/891025, www.para-ti.be | ÖPNV Bus 4, 5, 7, 9, 15, 17, 25, 41, 42, 43, 88, Haltestelle De Veste | Öffnungszeiten täglich rund um die Uhr | Tipp Der Architekt Lucien Coppé hat 1925 die Reihenhäuser mit Vorgärten in der Leopold-II-laan 108 – 126 im englisch-normannischen Villenstil entworfen. Wäre doch alles so hübsch wie die Zeile von Häusern, die Namen tragen wie »Blumenstrauß«, »Sommerfreude«, »Frühlingsfülle« oder »Rosenpark«.

87 Das Radmuseum

Das Polderdorf Gistel und seine Wieler

»Die alten Griechen haben Achilles, Perikles und Herkules. Flandern hat Briek Schotte, Eddy Merckx und Tom Boonen: unsere Helden, unsere *Flandriens.*« So wirbt Flandern für sich! Über die Qualität der Werbung mag man streiten, nicht darüber, dass Radsport in den Genen der Flamen verankert zu sein scheint. Selbst die wenigen, die bekennen, sich null für Radrennen zu interessieren, können die großen Namen runterbeten wie ein Dominikanerabt den Rosenkranz. Kaum ein Dorf ohne eigenen Weltmeister, Tour-de-France-Sieger oder, noch besser, einen Triumphator bei der »Ronde van Vlaanderen«. Seit 1945 ging der Titel des Radweltmeisters im Straßenrennen 16-mal nach Flandern (plus vier in die Wallonie). Kein anderes Land kann da mithalten. Bei den zwölf Vorkriegs-WMs ist die flämische Dominanz noch größer: sechs belgische Sieger, vier davon Flamen.

Im Polderdorf Gistel heißen die hochverehrten *Flandriens* Sylvère Maes, 1936 und 1939 Gewinner der Tour de France, und Johan Museeuw, unter anderem Weltmeister von 1996, genannt »der Löwe von Flandern«.

Das kleine Museum besteht aus einem einzigen Raum von der Größe einer Doppelgarage und kann nur nach telefonischer Absprache besichtigt werden – aber für Freunde des Radsports ist der Besuch ein Muss. Ausgestellt sind unter anderem zwei Räder, die unterschiedlicher kaum sein könnten: das von Museeuw und eines, mit dem Maes 60 Jahre zuvor eine der Frankreichrundfahrten bestritt. Dieses Rad aus den 1930er Jahren zusammen mit Fotos aus jener Zeit zu sehen ist durchaus bewegend. Gezeigt wird auch eine alte Stehermaschine von Museeuws Vater Eddy. Am sinnfälligsten ist allerdings eine kleine Installation auf der flachen Mauer neben dem Fahrradständer vor dem Museum: Fotos der *Flandriens* vor *Kasseien*, wie Kopfsteinpflaster auf Flämisch heißt. Am einfachsten findet man das Museum, wenn man Ausschau nach der Oostmolen, der Windmühle von Gistel, hält.

Adresse Warandestraat 29, 8470 Gistel, Tel. +32 (0)59/795173, www.gistel.be/wielermuseum-de-gistelse-flandriens | **ÖPNV** Bus 52, Haltestelle Gistel-Oude Post | **Öffnungszeiten** nur nach telefonischer Vereinbarung | **Tipp** Die Klassiker-Saison startet Ende Februar mit »Omloop Het Nieuwsblad«. »Brügge – De Panne« ist prestigeträchtiger Frühjahrsklassiker im März, und »De Ronde van Vlaanderen« (Anfang April) zählt zu den fünf Monumenten des Radsports.

88_Das Restaurant

Tom's Diner lohnt den Umweg

Suzanne Vega landete 1987 mit dem Song »Tom's Diner« einen Megahit. Sie besingt darin ihre leicht melancholische Gefühlslage, während sie am New Yorker Broadway in »Tom's Restaurant« sitzt. Okay, so berühmt ist das Restaurant von Tom Mestdagh nicht, aber dafür haben Gäste auch null Anlass, in melancholische Stimmung zu geraten. Und wer in Brügge gut essen will, der sollte sich den Namen »Tom's Diner« unbedingt merken.

Nördlich vom Augustijnenrei nimmt die Restaurantdichte spürbar ab, schon gar, was gute Küche angeht. Die große Ausnahme ist – seit inzwischen einem Vierteljahrhundert – »Tom's Diner«. Tom eröffnete das Restaurant bereits vor 25 Jahren, da war er gerade mal 21 Jahre alt. Man sollte auch kein American Diner erwarten im alten Viertel um die Sint-Gilliskerk, in dem schon Memling und van Eyck gelebt haben. Das weiß gekälkte Eckhaus an der Straße West-Gistelhof hat ein paar Jahrhunderte auf dem Buckel. Genau das verleiht dem Innenraum seinen Charme. Alte Balken und modernes Interieur bilden eine geschmackvolle Mischung. Und damit sind wir beim entscheidenden Thema für jedes Restaurant: Was leistet die Küche?

Vorab: Der beste Platz ist immer an der Theke. Sechs Barstühle bieten gute Sicht auf das, was in den Töpfen und Pfannen auf dem Herd passiert. »No-Nonsens-Küche« nennt Mestdagh das und meint wiedererkennbare Gerichte, zubereitet aus lokalen Produkten, mit Esprit und Raffinesse, aber ohne überflüssiges Chichi. Absolut überzeugend sind die Tapas, ob nun gerösteter Blumenkohl mit Maisdip, Gambas in Tempura mit scharfer Soße, hausgebeizter Lachs mit Frischkäse oder – ein Traum – gelackter Bauchspeck mit Mangochutney. Die Karte bietet auch ganz klassische Vor- und Hauptspeisen, aber die Tapas bieten die Chance, Unterschiedliches zu kosten. Als Beleg für die Qualität mag gelten, dass das Diner immer voll ist, ohne Reservierung geht nichts.

Adresse West-Gistelhof 23, 8000 Brügge, Tel. +32 (0)50/333382, www.tomsdiner.be | **ÖPNV** Bus 4, 5, 7, 9, 14, 15, 17, 25, 90, Haltestelle Gouden Handstraat | **Öffnungszeiten** Di–Sa 18–22 Uhr, Reservierung dringend empfohlen | **Tipp** Sehr empfehlenswert ist auch das Restaurant »Brutal by Bruut« in der Meestraat. Die Küche von Bruno Timperman hat keinerlei Scheu, kulinarische Grenzen zu überschreiten. Und im Sommer kann man sogar draußen auf der Meebrug sitzen.

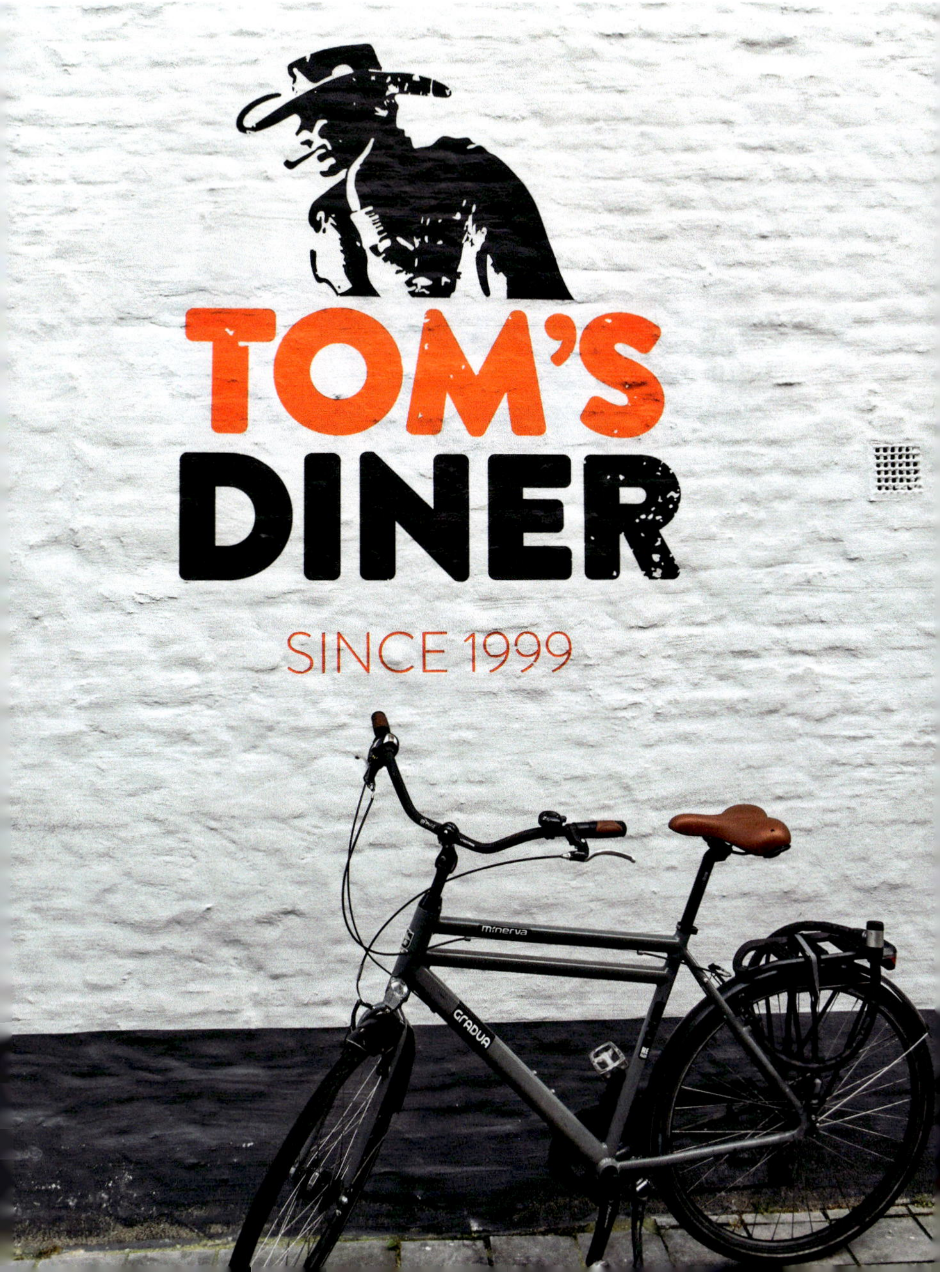

89_Der Ritter

Ein bibliophiler Adliger und Earl of Winchester

Strahlt die Miene des Herrn nun Übellaunigkeit aus oder ist sie dominant-herrisch? Es sei dem Urteil der Betrachter anheimgestellt. In jedem Fall macht das Reiterstandbild des Lodewijk van Gruuthuse über dem Eingang des Stadtpalasts seiner Familie mächtig Eindruck. Und es war Ludwig, der dem Palast seine bis heute spürbare Grandeur verlieh. Auf einem Porträt im ersten Saal des Museums macht derselbe Mann ein eher trauriges Gesicht. Überhaupt war Ludwig ein Mann vieler Talente und Gesichter: gerissener Geschäftsmann und talentierter Diplomat, Mäzen und Kulturliebhaber, und er war Ritter und Earl of Winchester – ein Ehrentitel, der selten an Nicht-Engländer verliehen wurde.

Abgesehen vom genauen Geburtsdatum (wahrscheinlich 1422) ist über den sechsfachen Vater Lodewijk van Gruuthuse das meiste bekannt. Seine Familie besaß in Brügge das Monopol und das Steuerrecht auf Grut, eine Kräutermischung, die als Vorläufer des Hopfens zum Bierbrauen unabdingbar war. Die Familie war reich. Ludwig nahm an Turnieren teil, fiel dabei Herzog Philipp dem Guten auf und wurde an den burgundischen Hof berufen. Nach dem Sieg im Salzkrieg gegen Gent wurde er zum Ritter geschlagen, acht Jahre später in den Orden vom Goldenen Vlies aufgenommen. 1463 bis 1477 war Ludwig Statthalter und oberster Repräsentant Burgunds in Holland, Seeland und Friesland. In der Folge persönlicher Berater von Karl dem Kühnen und Kämmerer von Maria von Burgund. Edward IV., König von England, ernannte ihn zum Earl, aus Dank für Hilfe bei der Flucht vor den Rosenkriegen.

Ludwig war ungewöhnlich belesen. Seine Bibliothek umfasste 200 Bände, er war nach dem Herzog zweitgrößter Auftraggeber für Manuskripte mit Buchmalereien. Aber er starb 1492 völlig verarmt, nachdem man ihn des Hochverrats an Kaiser Maximilian für schuldig befunden hatte. Sein Lebensmotto *»Plus est en vous«* (Du kannst mehr) ist unter dem Standbild eingraviert.

Adresse Innenhof Gruuthuse-Museum, Dijver 17, 8000 Brügge, Tel. +32 (0)50/448743, www.museabrugge.be | ÖPNV Bus 1, 4, 6, 11, 12, 14, 16, Haltestelle O.L.V. Kerk | Öffnungszeiten Innenhof: jederzeit zugänglich, Museum: Di–So 9.30–17 Uhr | Tipp Das Museum ist der Stadtgeschichte gewidmet. Eindrucksvoll sind die berühmte Karte von Pierter Porbus, der Gang durch die verschiedenartigen Räume und Treppenhäuser sowie der Blick vom Balkon, nicht zu vergessen das prachtvolle Tor zum Hof und dessen holzverkleidete Rückseite.

90__Die Sackgasse

In den Singel gelangt man nur über eine Brücke

Die Landschaftsarchitekten Hubert Van Hulle und Egidius Rosseels schufen im 19. Jahrhundert auf der alten Stadtbefestigung einen acht Kilometer langen Grüngürtel mit breiten Fußwegen, umgeben von einem schiffbaren Kanal. Ganz im Südwesten erkennt man, dass die Befestigung einst ein Doppelwall mit jeweils vorgelagertem Wassergraben war, denn hier ist auch der zweite künstliche Wasserlauf vom Minnewater bis zum Abzweig am Graaf Visartpark gut sichtbar. Auf dem Buiten Boeverievest kann man zwischen den Kanälen durch einen schönen, meist leeren Park schlendern.

Und dann ist da noch der Singel. Die sehenswerte Sackgasse wird nur von einer kleinen Brücke vom Buiten Boeverievest aus erschlossen. Im Mittelalter lag der Singel zwar außerhalb der großen äußeren Stadtmauer und auch noch hinter dem zweiten Wassergraben, aber doch innerhalb der äußeren Palisadenbefestigung. Kein Wasser schützte ihn. Trotzdem war der Singel immer Teil des Stadtgebiets von Brügge. Die Besitzverhältnisse dieses Sträßchens sind deshalb über die Jahrhunderte exakt dokumentiert, auch wenn es zunächst »nur« eine Wiese und später ein Gartenbaubetrieb war. In der gepflasterten Sackgasse stehen 17 drei- bis vierstöckige Häuser in verbundener Reihe.

Die ausnehmend schöne Häuserzeile direkt am Wasser hat eine ganz eigene Atmosphäre. Sie bilden eine optische Einheit und vermitteln doch den Eindruck, jedes für sich ein Einzelstück zu sein. Gebaut wurden sie gemeinsam, nach der Fertigstellung im Jahr 1911 aber einzeln verkauft. Schaut man genau hin, erkennt man, dass zum Beispiel die Häuser 11 bis 13 eine gemeinsame Fassade haben. Lotrecht im Treppengiebel von Haus 12 verläuft die Spiegelachse für die beiden zwei Seitenflügel. Und auch die anschließenden, mit weißen, blauen und braunen Fliesen verzierten Häuser 10 und 14 sind nahezu identisch und rahmen das Ensemble gewissermaßen ein. Die Brücke war früher geschlossen.

Adresse Singel, 8000 Brügge | **ÖPNV** Bus 5, 15, 54, 89, Haltestelle Sint-Andries Phare | **Tipp** Via www.visitbruges.be findet man fünf Unternehmen, die Ballonfahrten über die historische Altstadt anbieten, entsprechendes Wetter vorausgesetzt. Mehr als nur eine besondere Perspektive, vielleicht die romantischste Art, Brügge zu betrachten.

91 Der Saxofonbauer

Handgefertigte Instrumente mit großem Namen

1840 erfand Adolphe Sax (1814–1894) ein neues Instrument, für das er 1846 das Patent erhielt. Unterstützung fand er bei Hector Berlioz und französischen Militärmusikern, und so machte das Saxofon schnell Karriere. Obwohl aus Metall gebaut, gilt es als Holzblasinstrument. Das Mundstück ist der Klarinette entlehnt, das Klappensystem der Oboe, aber der Ton ist einzigartig. Das fanden zu Beginn des 20. Jahrhunderts auch Jazzmusiker, und da machte das Saxofon dann endgültig Furore. Das Stammhaus in Dinant an der Maas ist heute ein Museum. So begnadet Sax als Instrumentenbauer war, so untalentiert war er als Geschäftsmann. Gleich mehrmals ging er pleite. Seine Patentrechte und die Pariser Werkstatt gingen an die Gebrüder Selmer über.

Mitte der 1970er fand das Gros der Kunden handgemachte Instrumente zu teuer, und industrielle Massenproduktion aus China überschwemmte den Markt. 2012 erwarb Karel Goetghebeur sämtliche Namensrechte, und er hatte den Willen und das Talent, großartige Saxofone wieder per Hand zu bauen. Seitdem kann man in Brügge, und nur hier, echte Instrumente von Adolphe Sax & Cie kaufen. Nicht nur das Saxofon ist nach Belgien zurückgekehrt, sondern auch die Philosophie des Erfinders, dass nicht jedes Instrument zu jedem Musiker passt. Jeder Saxofonist braucht sein ganz persönliches Saxofon. Goetghebeur sagt, er verkaufe lieber ein Saxofon weniger als eines, mit dem der Musiker sich nicht auf Anhieb wohlfühlt.

Im Erdgeschoss des Hauses im Krakeleweg wurde das Wohnzimmer zum Verkaufsraum, nebenan in der Werkstatt arbeiten Karel und seine Frau Hand in Hand an neuen Instrumenten. 2018 hat er europaweit großkalibrige Patronenhülsen aus den Weltkriegen gesammelt und sammeln lassen, um damit seine Version von »Schwerter zu Pflugscharen« umzusetzen. Wertvolles Messing wird bei der Fertigung von Musikinstrumenten allemal besser genutzt denn bei der Herstellung von Munition.

Adresse Krakeleweg 2, 8000 Brügge, Tel. +32 (0)497/555585, www.adolphesax.be | **ÖPNV** Bus 4, 5, 7, 9, 15, 17, 25, 41, 42, 43, 88, Haltestelle De Veste | **Öffnungszeiten** Mo, Mi 14–18 Uhr, Sa 13.30–17.30 Uhr, sonst nach Absprache, So und Feiertage geschlossen | **Tipp** Handgefertigte elektrische Gitarren kauft man bei Ralph Bonte (»Arrenbie Guitars«), klassische Gitarren von Benedict Minne bei »Rombaux« (Mallebergplaats 13) und in Sint-Andries stellt Dirk Defauw exklusive Drums aus Holz her (Goudsbloemlaan 8).

92 Die Scheepsdalebrücke

Eine einzigartige rollende Kippbrücke

Aus der Entfernung sieht man von der Scheepsdalebrug nur zwei schlanke graue Betonbögen, die sich haushoch zum Himmel strecken und aussehen wie Lenkhörner eines gigantischen Rennrodels. Welche Funktion die 15 Meter hohen Bögen für die Brücke haben, erschließt sich den meisten Menschen auch aus der Nähe kaum. So mancher tippt auf Kunst am Bau. Errichtet wurde die Brücke 2009–2011: ein Unikat, eine Augenweide und ein technisches Meisterwerk. Die Bögen sind das Gegengewicht zum 43 Meter langen und 19 Meter breiten Brückenkörper. Und sie sind ein Clou: Per Hydraulik rollen sie über riesige Lager ab, bis sie parallel zur Wasserlinie stehen. Dabei heben sie die gesamte 725 Tonnen schwere Brücke – drei Fahrspuren plus ein breiter Rad- und Fußweg auf jeder Seite – schräg in die Luft. Technisch nennt man das: rollende Klappbrücke mit beweglichem Drehpunkt in der Längsachse. Für Laien ist der Anblick atemberaubend.

Die Brücke hat eine lange Geschichte. Die Scheepsdalelaan beginnt an der Ezelpoort und ist von alters her Ausfallstraße Richtung Oostende. Der Name *Scipstal* oder *Sceptale*, also Schiffstall, ist im 12. Jahrhundert für die Gegend belegt, wo heute die Brücke den Kanal Brügge–Oostende überspannt. 1396 wurde die ursprüngliche Holzbrücke durch eine steinerne ersetzt. Im Kanalbett floss damals die Leperleet. Genauer gesagt: An dieser Stelle versumpfte der Fluss. Daher kamen Lastkähne an die Mole (in den Stall), die Waren brachte man per Esel auf dem letzten Kilometer nach Brügge. Als 1622 der Kanal gegraben wurde, behinderte die feste Brücke die Schifffahrt, und man ersetzte sie durch eine Zugbrücke. 1934 dann die Einweihung einer markanten Drehbrücke aus Metallfachwerk, angefertigt von »La Brugeoise« in Sint-Michiels nach einem Entwurf von Arthur Vierendeel. Trotz vieler Proteste von Denkmalschützern wurde die Brücke 2006 abgerissen. Die neue muss sich wahrlich nicht verstecken.

Adresse Scheepsdalelaan (N9), 8000 Brügge | ÖPNV Bus 3, 13, 31, 33, 35, 47, 89, 92, Haltestelle Electrabel | Tipp Auch die 35 Meter lange Conzettbrug über den Coupure-Kanal ist eine eigenwillige Konstruktion. Der Steg der Radbrücke hängt mittels Seilen an zwei Rohren. Um Boote passieren zu lassen, drehen sich die Rohre, wickeln die Seile auf und heben so die Brücke an. Direkt daneben steht eine Kunstinstallation, die diese Idee verfremdet aufgreift.

93_Das Schloss

Die Wasserburg Tillegem im großen Landschaftspark

Schloss Tillegem regt die Phantasie an, erkennbar eine Mischung aus mehreren Epochen. Die Grundmauern der Wasserburg stammen aus dem 14. Jahrhundert und sind damit erheblich älter als ihre Aufbauten. Die Fundamente sind noch deutlich älter. Der erste bekannte Herr von Tillegem war ein Mann namens Jan van Voormezele. Das Schloss liegt malerisch in einem 83 Hektar großen Landschaftspark im Süden von Brügge. Der Park ist ein beliebtes Ausflugsziel und immer zugänglich, die Burg nur an den »Tagen des offenen Denkmals«. Besichtigt werden können dann die historischen Pferdeställe im Ostflügel des Kellers, die mächtigen Kreuzrippengewölbe, die Küche mit einem imposanten Kamin aus schwarzem Marmor, innen ausgekleidet mit Delfter Kacheln, und Gemälde des Brügger Landschaftsmalers Jan Beerblock (1739–1806).

Das *kasteel* ist das stattliche »Überbleibsel« einer noch größeren mittelalterlichen Wasserburg, deren Flügel einen zentralen Hof umschlossen, der an den Ecken mit Türmen versehen war. Im Lauf der Jahrhunderte hatte das Schloss diverse wohlhabende Familien als Besitzer, die es fast alle im jeweiligen Stil ihrer Zeit umbauen ließen. 1879 kaufte schließlich Baron Peñaranda de Franchimont die Burg – das Wappen der niederländischen Adelsfamilie spanischer Herkunft prangt über dem neugotischen Tor – und ließ sie zu ihrem heutigen Aussehen umbauen. Architekt war Jean-Baptiste Béthune (1821–1894), der unter anderem Schloss Loppem, die Abtei Maredsous bei Namur und die Mosaiken in der Kuppel des Doms zu Aachen entworfen hat. Über eine Steinbrücke und eine hölzerne Pseudo-Zugbrücke gelangt man ins Schloss, das heute ein Tagungs- und Verwaltungszentrum der Region Westflandern beherbergt. Die Provinz erwarb das Schloss in den 1980er Jahren, um es von Grund auf zu renovieren und für den heutigen Zweck auszubauen. So ist es für die Öffentlichkeit wenigstens bisweilen zu besichtigen.

Adresse Tillegemstraat 81, 8200 Brügge, Tel. +32 (0)50/403544 | ÖPNV Bus 27, 88, 94, Haltestelle Kinopolis | Öffnungszeiten Das Schloss kann an den »Tagen des offenen Denkmals« (meist am ersten oder zweiten Septemberwochenende) oder nach telefonischer Absprache besichtigt werden. | Tipp Ein gut ausgebauter Radweg verbindet zahlreiche Schlösser und Burgen rund um Brügge. Auf 40 Kilometern geht es vorbei an den Schlössern Ryckevelde, Kervergem, Loppem, Tudor, Beisbroek, Bloemendale und Ruddershove.

94_Der Schokoladenladen

Das Chocolate Line macht süchtig

Angst vor dick machenden Süßigkeiten sollten Brügge-Besucher besser nicht haben. Allein in der Altstadt bieten über 50 »Chocolatiers artisanals« ihre Kreationen an. Natürlich gibt es auch noch diverse Souvenirshops und Ketten, aber die verdienen ebenso wenig Beachtung wie alle Läden, die mit »The best in town« werben. Nun ist Schokolade Geschmackssache, weshalb man seinen Lieblingsladen nur durch langes, intensives Studium herausschmecken kann. Trotzdem kann der Autor nicht umhin, hier eine besondere Empfehlung auszusprechen.

Als »Chocolatier artisanal« darf sich nur bezeichnen, wer eine mehrjährige Ausbildung absolviert hat. Die herausragende Figur unter den Brügger Schoko-Künstlern ist Dominique Persoone, der sogar dem »Guide Michelin« eine Erwähnung wert ist. Der Mann ist so etwas wie der Rockstar unter den flämischen Chocolatiers, und das liegt nicht allein an der Rolling-Stones-Zungen-Praline und am eigens für die Band angefertigten Chocolate-Shooter, einer Art Schnupftabak-Katapult für Schokoladenpulver. In seinem Geschäft »The Chocolate Line« gibt es auch Schoko-Pillen und Schoko-Lippenstift. Alles aus eigener Herstellung, in Handarbeit gefertigt und aus Fair-Trade-Produkten, so sie nicht von der hauseigenen Plantage in Mexiko stammen. Er mache auch »normale« Pralinen, erklärt Persoone: etwa mit Tannengeschmack, Austern, Blumenkohl, Essig oder Käse. Man muss das probiert haben. Was sich verrückt anhört, kann eine Offenbarung für den Gaumen sein.

Selbstverständlich gibt es auch klassische Tafeln und Bruchschokolade mit unterschiedlichem Kakaogehalt, Schokoküsse und Pralinen mit eher traditionellen Zutaten. Die heben sich dann aber optisch ab, zum Beispiel als bunter Totenkopf. Wer im »The Chocolate Line« nicht an den Film »Chocolat« mit Juliette Binoche und Johnny Depp denkt, der verweigert wohl auch generell jede Verführung (durch Süßigkeiten).

Adresse Simon Stevinplein 19, 8000 Brügge, Tel. +32 (0)50/341090, www.thechocolateline.be | ÖPNV Bus 1, 4, 6, 11, 12, 14, 16, 88, 90, 91, Haltestelle Sint-Salvatorskerk | Öffnungszeiten Di–Sa 9.30–18.30 Uhr, So, Mo 10.30–18.30 Uhr | Tipp Auch Pierre Marcolini, Weltmeister und Vorbild wohl der meisten Chocolatiers, hat eine Dependance in Brügge nahe dem Markt (Steenstraat 10). Die Pralinen von »Dumon« gibt es an drei Orten: in der Walstraat 6, am Eiermarkt 6 und am Simon Stevinplein 11.

95__Das Sommerbad

Schwimmen im Stichkanal Coupure

In einer Stadt nur 15 Kilometer und 50 Radminuten landeinwärts vom nächstgelegenen Strand macht man sich eher weniger Gedanken um Schwimmbäder, schon gar, wenn dieser Strand zig Kilometer lang ist. Oder zumindest erst, wenn es im Hochsommer knackig warm ist und die Kinder besonders quengelig werden. Wassermangel herrscht in Brügge sicher an keiner Stelle, aber Freibäder, die gibt es eben nicht, abgesehen vom Spaßbad »LAGO« in Sint-Andries.

Seit Kurzem ist das anders. Erste Experimente mit dem Schwimmen in den Brügger Kanälen gab es im Rahmen der Kunst-Triennalen 2015 und 2018. Die waren ausgesprochen vielversprechend und trafen auf so viel Resonanz, dass im Sommer 2019 erstmals ganz regulär ein Badeponton auf dem Kanal Coupure eingerichtet wurde. Für die Dauer von zehn Wochen wurde auf Höhe des Rijksarchivs eine schwimmende Holzplattform aufgebaut. Darauf Sitz- und Liegeflächen für über 100 Personen. Dazu Duschen, Umkleidekabinen, Sonnenschirme, Stege und Sprungbretter: und ab in den Kanal zum Schwimmen. Der ist an dieser Stelle 2,50 Meter tief, die Wasserqualität wird ständig überprüft und die Schwimmzone von mehreren qualifizierten Rettungsschwimmern überwacht. Ein Riesenvergnügen, vor allem – aber nicht nur – für Kinder und Jugendliche.

Nun ist das kein billiges Vergnügen, für die Stadt Brügge jedenfalls nicht. Der Ponton wird Jahr für Jahr zu Saisonbeginn neu aufgebaut; er muss nachts bewacht und tagsüber mit Bademeistern besetzt sein. Und natürlich gibt es Menschen, die finden, das Geld würde besser für andere Zwecke verwendet. Bislang konnten die Kritiker des Sommerbads sich zum Glück nicht durchsetzen. Im Gegenteil: Es wurde nachgebessert, zum Beispiel mit einem 15 Zentimeter tiefen Planschbecken für Kleinkinder. Sollten die Sommer noch heißer werden, will man auch über die Verlängerung der Öffnungszeiten in den Abend und in den September nachdenken.

Adresse Predikherenrei 1–3, 8000 Brügge, Tel. +32 (0)50/448000, www.brugge.be/zwemmenincoupure | ÖPNV Bus 6, 16, 88, Haltestelle Coupure | Öffnungszeiten Mitte Juni–31. August 13–20 Uhr | Tipp Die große Terrasse des »Punta Est« wird abends am längsten von der Sonne beschienen. Sie liegt außerdem perfekt am Kanaldreieck Coupure, Groenerei und Sint-Annarei. Nicht nur nach dem Besuch des Sommerbads ein schöner Platz, um den Tag ausklingen zu lassen.

96_Das Staatsarchiv

Ein Haus wie ein Papierstapel

Moderne Architektur hat es oft schwer, erst recht im Zentrum einer historischen Altstadt. Eigentlich können es nur staatliche Prestigebauten schaffen, sämtliche Auflagen zu erfüllen und die öffentlichen Diskussionen zu überstehen. Das Brügger Rijksarchiv hat es geschafft. Errichtet wurde es 2012 auf dem Gelände des ehemaligen Dominikanerklosters, direkt am Kanal Coupure, nach einem Entwurf des Brügger Architekten Olivier Salens. Auf einem Sockel aus Glas stehend, erinnert der Bau an einen aufgespleißten Papierstapel. Salens hat gar nicht erst versucht, das Archiv mittels historisierender Optik an die Altbauten am Ufer anzupassen, sondern konsequent eine moderne Form gesucht, die nicht nur seiner Bestimmung gerecht wird, sondern diese auch zum Ausdruck bringt.

Die Zentrale des belgischen Staatsarchivs steht in Brüssel, ihr sind 18 Departements untergeordnet, sechs in den flämischen, acht in den wallonischen Provinzen und der deutschsprachigen Gemeinschaft sowie vier in der Hauptstadt selbst. Jede Zweigstelle verfügt über einen Lesesaal, in dem Interessierte die Archivalien einsehen können. Zu den Dokumenten gehören Kirchenbücher und Personenstandsregister, aber auch Karten, Pläne sowie Dokumente aus vormals privaten Archiven, die der Generalarchivar des Staates für bewahrenswert erachtet. Die optische Anlehnung an gestapeltes Papier macht also Sinn, auch wenn natürlich unterdessen das Gros der gesammelten Dokumente digitalisiert ist.

Das Erdgeschoss des Archivs ist weitgehend verglast. Das gibt dem Bau eine gewisse Leichtigkeit und bringt vor allem Licht in die öffentlichen Bereiche und den Lesesaal. Die Stockwerke darüber sind nahezu fensterlos, weil hier die lichtempfindlichen Archivalien aufbewahrt werden. Schmale Bänder aus rotem Backstein, die einzige Anleihe bei der Umgebung, lassen den Eindruck gestapelten Papiers entstehen. Das Reichsarchiv ist schön und funktional.

Adresse Predikherenrei 4a, 8000 Brügge, Tel. +32 (0)50/337288, www.arch.be | **ÖPNV** Bus 6, 16, 88, Haltestelle Coupure | **Öffnungszeiten** Di–Fr 9–16.30 Uhr, Juli und Aug. Di–Fr 9–12 und 13–16.30 Uhr | **Tipp** Der Entwurf für das neue Stadtmuseum BRUSK, dessen Baubeginn seit 2022 überfällig ist, verdient das nämliche Resümee. Angefertigt wurde er von Oliver Salens in Kolaboration mit dem Architektenduo Paul Robbrecht und Hilde Daem, die auch das Konzerthaus entworfen haben (siehe Ort 58).

97 Das Stadttheater

Die Stadsschouwburg ist ein Schmuckstück

Dem vorchristlichen Geschichtsschreiber Thukydides wird der Satz »Schönheit liegt im Auge des Betrachters« zugeschrieben. Er meinte damit nicht allein, dass es »die« Schönheit nicht gebe, sondern auch, dass Wissen ein Geschmacksurteil beeinflussen kann. Das Königliche Stadttheater von Brügge, im Neorenaissance-Stil erbaut, ist zweifelsohne bildschön: von außen wie auch im Inneren, im Foyer, ebenfalls im Stil des Second Empire, und im goldglänzenden Theatersaal, dessen 700 Sitze mit rotem Samt bezogen sind. Aber das Schmuckstück im Zentrum der Stadt hat auch eine Geschichte.

Das Brügger Großbürgertum verlangte Mitte des 19. Jahrhunderts ultimativ ein Stadttheater, das denen von Brüssel, Antwerpen und Gent ebenbürtig sein sollte. 1864 wurde ein Wettbewerb ausgeschrieben, den der Brüsseler Architekt Gustave Saintenoy (1832–1892) mit einem Entwurf für sich entschied, der sich erkennbar an der Opéra Garnier in Paris orientierte. Zuvor hatte Saintenoy den Brüsseler Bahnhof Luxembourg entworfen (dessen Fassade ist heute ein Schmuckelement vor dem EU-Parlament). Das neue Theater sollte seinen deutlich kleineren Vorgänger von 1756 auf dem ehemaligen Comedieplein ersetzen und auf jeden Fall größer und prunkvoller sein. Kurzerhand wurden 45 Häuser abgerissen und 150 Menschen umgesiedelt. Heute würde man das Gentrifizierung nennen.

Am 20. September 1869 wurde die Koninklijke Stadsschouwburg mit der komischen Oper »Die drei Musketiere der Königin« eröffnet. Das Theater gehört zu den besterhaltenen Gebäuden dieser Epoche. Heute stehen vor allem Musik und moderner Tanz auf dem Programm, seltener auch Opern oder Theaterstücke. Der Besuch der Stadsschouwburg ist schon allein optisch ein Genuss. Gerade deshalb wählte der US-amerikanische Künstler Spencer Tunick den Saal 2005 für eine Installation mit je 350 nackten Frauen und Männern im Parkett und auf den vier umlaufenden Balkonen.

Adresse Vlamingstraat 29, 8000 Brügge, Tel. +32 (0)50/443060, www.ccbrugge.be | ÖPNV Bus 4, 5, 7, 9, 14, 15, 17, 25, 90, Haltestelle Stadsschouwburg | Öffnungszeiten zu den Aufführungen, Führungen: www.ccbrugge.be | Tipp Die Papageno-Statue vor dem Haupteingang hat der belgische Bildhauer Jef Claerhout aus Tielt geschaffen. Ebenfalls von Claerhout sind der »Maibaum« (Zilversteeg), »Zeus, Leda, Prometheus und Pegasus besuchen Brügge« (Walplein) und der Pferdebrunnen vor dem Beginenkloster.

98 Das Stadttor

Der grinsende Totenkopf an der Smedenpoort

Die Smedenpoort ist eines der vier alten Stadttore von Brügge. Wie auch die zwei Kilometer nördlich gelegene Ezelpoort ist sie komplett von Wasser umgeben. Ein erstes Stadttor wurde 1297–1299 an dieser Stelle mitten im Wassergraben errichtet. Die Annalen berichten, dass es knapp 70 Jahre später von den Maurermeistern Jan Slabbaert und Mathias Saghen prinzipiell im heutigen Umriss gebaut wurde. Auf der stadtauswärtigen Seite ist unter dem Wappen von Brügge die Zahl 1615 zu erkennen. Die verweist auf den Abbruch des Oberbaus, denn bis zum Beginn des 17. Jahrhunderts war das Tor deutlich höher. Die Smedenpoort war ein Wach- und Wehrtor, die beiden Rundtürme ursprünglich doppelt so hoch wie heute, mit Zinnen und hohen Spitzdächern versehen.

Das mittige Haupttor ist heute dem Autoverkehr vorbehalten. Bis 1950 fuhr auch die Straßenbahn nach Sint-Andries hindurch. 1909 wurden die Durchgänge in den Türmen geschaffen, die heute Radwege sind, 2012 dann die beiden modernen Fußgängerbrücken, die außen um das Tor herumführen.

Bleibt die Legende vom Schädel. Der grinsende, mit Grünspan überzogene Totenkopf links neben der Tordurchfahrt ist nicht echt. Das war mal anders. Im Juni 1691 schickte Ludwig XIV. seine Armee gegen Brügge. Die Stadt war schwer einzunehmen, und so bestachen die Franzosen den Torwächter François van der Straeten. Der sollte einen Vortrupp in die Stadt bringen, um im Morgengrauen das Tor für die Invasion der französischen Armee zu öffnen. Der Plan flog auf, das Tor blieb zu, und van der Straeten wurde gehängt und anschließend geköpft. Der Schädel wurde, damals übliche Praxis, gut sichtbar zur Abschreckung am Stadttor angebracht. Natürlich kennt die Legende viele Ausschmückungen, im Kern ist sie jedoch wahr. 1763 wurde der echte van der Straeten durch einen eisernen Totenkopf ersetzt. Der ist heute im Gruuthuse-Museum. Der am Tor hängende Bronzeschädel stammt aus dem Jahr 1911.

Adresse Smedenstraat 71, 8000 Brügge | ÖPNV Bus alle Linien, Haltestelle 't Zand | Tipp Die Smedenstraat ist touristisches Niemandsland, dabei gibt es schöne Häuser (Nr. 27/45) und Gässchen, wie die Zwijnstraat oder die Zevensterrestraat, zu entdecken oder auch das Jam Jam, ein Fachgeschäft für Marmelade. Die Gentpoort wie auch die Kruispoort sind nachts besonders schön, weil stimmungsvoll angestrahlt.

99 Die Sternwarte

Das Cozmix im Schloss Beisbroek

Die Domäne Beisbroek, erstmals im 7. Jahrhundert erwähnt als merowingische Krondomäne Snellegem, bildet am Südwestrand von Brügge gemeinsam mit der Domäne Tudor und dem Chartreuzinnenbos ein 160 Hektar großes Naherholungsgebiet mit Schlössern, Wäldern, Alleen und Heide. Wandern, Radfahren und Picknicken sind beliebte Aktivitäten – und der Besuch der Volkssternwarte Cozmix.

Volkssternwarten dienen dem Zweck, über Astronomie und Raumfahrt zu informieren. Das Cozmix im Schloss Beisbroek hat sich vorgenommen, insbesondere das Interesse von Kindern und Jugendlichen an der Wissenschaft zu wecken. Die Filmvorführung auf der 84 Quadratmeter großen Leinwand im Kuppelsaal des Planetariums schafft das spielend. Mehr liegend als sitzend, fliegen die 45 Zuschauer in einem Moment virtuell über die Marsoberfläche, um gleich darauf den Orionnebel zu durchqueren, schwarze Löcher zu passieren oder in fremde Galaxien einzutauchen. Die Saturnringe werden ebenso auf das Innere der Halbkugel projiziert wie das Firmament mit über 7.000 Sternen. Das ist atemberaubend, nicht nur für Jugendliche, sondern auch für Erwachsene. Die Zeichentrickfigur eines kleinen Mädchens erklärt, warum Sommertage länger als Wintertage sind oder wie Planeten die Schwerkraft beeinflussen. Zum Programm gehört außerdem eine Führung durch die interaktive Ausstellung der Sternwarte. Seit 1984 können im Observatorium tagsüber bei gutem Wetter die Sonne, Sonnenflecken und mit etwas Glück auch Gaseruptionen beobachtet werden. An klaren Abenden zeigt der Blick durch das Teleskop die vier Jupitermonde oder auch die Mondkrater. Die erste Show am Tag (15 Uhr) ist auf Niederländisch, die zweite (16.30 Uhr) abwechselnd auf Englisch und Französisch. Das ist jedoch auch für Nicht-Muttersprachler gut verständlich, weil für Kinder konzipiert. Im Außenbereich der Sternwarte gibt es einen »Planetenpfad« mit Skulpturen des belgischen Bildhauers Jef Claerhout.

Adresse Zeeweg 96, 8200 Brügge, Tel. +32 (0)50/390566, www.cozmix.be | **ÖPNV** Bus 52, 53, 55, Haltestelle Varsenare Zeeweg, von dort 1,5 Kilometer zu Fuß | **Öffnungszeiten** Mi und So 14.30–18 Uhr, Fr 20–22 Uhr, in den Schulferien auch Mo, Di und Do; Einzelbesucher und Familien (ohne Reservierung) sollten pünktlich sein, kein Einlass in laufende Vorführungen | **Tipp** Neben dem Cozmix sorgt »Het Koetsenhuis« für das leibliche Wohl. Ganz in der Nähe liegt das neogotische Schloss Loppem mit seinem schönen Park und dem Hainbuchen-Irrgarten (www.kasteelvanloppem.be).

100_Die Stiftungshäuser

Die Siedlung de Croeser-de Ruysscher

De Croeser war einmal ein großer Name in Brügge. Karel Aeneas de Croeser war zweimal je zehn Jahre lang (ab 1803 und ab 1817) Bürgermeister, aber mit seinem Urenkel Alexander starb die Familie 1903 ohne weitere Nachkommen aus. Geblieben ist ein sichtbares Vermächtnis, denn Alexanders Ehefrau Emilie de Ruysscher bestimmte in ihrem Testament, das gemeinsame Erbe in Höhe von 75.000 Francs für den Bau einer Stiftungssiedlung zu verwenden, um günstigen Wohnraum für arme Leute zu schaffen.

In der Raamstraat fand sich mit der ehemaligen Gießerei »De Jaegher« ein geeignetes Gelände. Von 1911 bis 1919 wurden im sogenannten Neo-Brügge-Stil um einen großen Platz herum die Stiftungshäuser »De Croeser-De Ruysscher« mitsamt Kapelle und Pförtnerhaus gebaut. Die Siedlung ist nicht nur besonders schön, sie ist auch die letzte ihrer Art, die in Brügge gebaut wurde. Von der Raamstraat aus sieht man nur das ehemalige Pförtnerhaus (Nr. 29) und einen Bogen mit Eingangstor. Darüber liest man in einer Kartusche den Namen der Stifter und das Datum 1919. Ein Gang führt auf einen mit Hecken und Rosen bepflanzten Hof mit Bänken und einem zentralen Brunnen mit schmiedeeiserner Dekoration. 15 »Cottages« umschließen den Hof. Alle haben einen eigenen ummauerten Innenhof. Die Häuser sind nicht gekälkt, sondern im roten Backstein gehalten, was sie zusammen mit den Erkern, Segmentbogenfenstern und den aufwendigen Schornsteinen sehr viel älter und nobler wirken lässt. Der Brüsseler Architekt René Cauwe (1883–1964) hat das Ensemble und die einschiffige Kapelle entworfen. Im Jahr 2000 wurde die Anlage generalüberholt. Bis heute steht sie unter der Verwaltung des öffentlichen Wohlfahrtszentrums (OCMW).

In der Kapelle findet sich das Wappen der Familie de Croeser mit dem Motto »Mesure dure«. Der nämliche Gedanke auf Niederländisch findet sich auf der Plakette im Gang: »Bleibt im menschlichen Maß«.

Adresse Raamstraat 29–57, 8000 Brügge | ÖPNV Bus 3, 13, Haltestelle De Snuffel | Öffnungszeiten jederzeit zugänglich | Tipp Den schönsten Garten haben die miteinander verbundenen ehemaligen Armenhäuser »Paruitte«, »Elizabeth Zorghe« und »De Schippers« in der Stijn Streuvelsstraat 3–31. Besonders während der Rosenblüte ein einziger Traum in Weiß.

101 Der Strand

Einmal durchpusten, bitte!

Sand satt. Der Strand von Brügge ist gigantisch und so nah. Gerade mal 15 Kilometer sind es vom Belfried im Zentrum bis nach Zeebrugge. Man kann quer durch die Polder bequem dorthin radeln, es gibt auch eine Zug- und eine Busverbindung. Mit dem Auto dauert es übrigens häufig am längsten, aber immerhin sind die Parkplätze direkt am Meer umsonst.

Die Brügger lieben ihren breiten Nordseestrand zu jeder Jahreszeit und gehen dort den unterschiedlichsten Aktivitäten nach. Die reichen von Sonnenbaden und Schwimmen über lange Spaziergänge, Strandsegeln, Reiten und Kitesurfen bis zur Mega-Party. Sie lieben ihn so sehr, dass sie ihn offenbar ganz für sich behalten wollen und nur selten davon erzählen, obwohl selbst bei herrlicher Sonne im Hochsommer mehr als genug Platz für alle da ist. Erst recht im Herbst, wenn mensch sich hier *lekker uitwaaien* – so richtig schön durchpusten-lassen kann, was überhaupt das Beste ist.

Ein guter Ausgangspunkt für eine Wanderung ist der Westerdam. Von dort kann man fünfeinhalb Kilometer am Strand oder die Promenade entlanglaufen, vorbei am Belgium Pier, bis man hinter Blankenberge auf die ins Meer ragende schöne Mole Oosterstaketsel trifft. Wem der Rückweg dann zu weit wird, der nimmt einfach die Kusttram. Seit 2012 führt der »St.-Georgsweg« Radfahrer und Fußgänger direkt auf dem Damm einige 100 Meter weit rechtwinklig zum Strand ins Meer hinein.

Abgesehen von der Gründerzeitfassade des ehemaligen Palasthotels, heute ein Apartmentkomplex, ist der Blick landeinwärts nicht superschön, der Richtung Meer dafür umso mehr. Kurz vor dem Surfclub »Icarus«, der Hotspot für Kiter, gibt's sogar moderne Kunst am Strand. Hier steht Jean Bilquins zehn Meter hohe Skulptur »Der Mann, der das Boot in der Luft sah«. Wer die Zeit am Meer noch mehr genießen will, kann das bei einer Partie Pétanque vor der Kapelle Stella-Maris tun.

Adresse Zeedijk 1, 8380 Brügge | **ÖPNV** Bus Linie 47, 92, Haltestelle Zeebrugge-Strand; Bahn Linie L, Haltestelle Zeebrugge-Strand (nur Sa, So von 8–20 Uhr) | **Tipp** Ein geflügeltes Wort in Brügge lautet: Wer nicht im »'t Werftje« war, der war auch nicht am Strand. Heute scheitert das häufig an der langen Schlange vor dem Hafenrestaurant. Es ist wie mit der Promenade auch: Das muss man mögen.

102 Die Täuschung

Die Jüngste gilt als Älteste

Kein Zweifel, sie ist fotogen – und das bei jedem Wetter. Ein einzelner Brückenbogen, gemauert aus Backstein und belgischem Blaustein, überspannt den Kanal Bakkersrei und verbindet den Park von Arentshof und die Straße Groeninge mit dem alten gepflasterten Platz zwischen Gruuthuse-Museum und Onze-Lieve-Vrouwekerk. Die Bonifaciusbrug gehört zu den beliebtesten Fotomotiven der an Schönheiten nicht eben armen Stadt. Nur eines ist die Bonifaciusbrug entgegen allem Anschein nicht: Sie ist nicht alt. Im Gegenteil, sie gehört zu den jüngsten Brücken von Brügge.

1908 wurde der Arentshof enteignet. Die Stadt gestaltete das Gebäude zu einem Museum und den Garten zu einem öffentlichen Park um. Im Zuge dessen ließ sie 1911 dann auch eine neue Brücke zum südlichen Hof der Onze-Lieve-Vrouwekerk schlagen, entworfen in historisierendem Stil vom Brügger Architekten Joseph Viérin (1872–1949). Von ihm stammen auch die beiden Häuser nebenan, heute Hotel und Chambre d'hôtes, an die die Brücke sich so malerisch anlehnt, auch sie Kopien mittelalterlicher Bauten mitsamt dem Zugang durch zwei rechtwinklig angeordnete Tudorbögen.

Die Illusion einer Brücke aus der Gründungszeit von Brügge wird durch das Nutzen alter Baumaterialien unterstützt. Grob gepflasterte Stufen führen auf den Brückenbuckel, und die Bänke und Brüstungen aus Blaustein waren ehedem Grabsteine. Ein Grenzstein am Fuß der Brücke zeigt die Jahreszahl 1634, und auch das Sandsteinrelief neben dem Torbogen ist alt. Lässt man dann noch den Blick über die rückwärtige Holzfassade des Hotels »Bonifacius«, das vergitterte Fenster und die Tür zum Rei in der Natursteinmauer schweifen, fühlt man sich in eine andere Zeit versetzt.

Das ist einfach schön, ob bei Nebel oder Sonnenschein, ob mit oder ohne vorbeischwimmende Schwäne, vom Wasser oder vom Ufer aus betrachtet. Allein ist man an diesem zauberhaften Ort allerdings nur früh am Morgen oder spätabends.

Adresse Bonifaciusbrug, Groeninge 6, 8000 Brügge | ÖPNV Bus 1, 4, 6, 11, 12, 14, 16, Haltestelle O.L.V. Kerk | Öffnungszeiten täglich 7–22 Uhr | Tipp Im Park des Arenthofs steht eine beeindruckende Skulptur. »Die vier apokalyptischen Reiter« stammen von dem belgischen Bildhauer Rik Poot (1924–2006). Auch in anderen flämischen Städten sind Werke von ihm zu sehen.

103 Das Uilenspiegeldorf

Flanderns närrischer Befreiungskämpfer

Norddeutsche schauen oft irritiert, wenn sie in Damme auf Eulenspiegel treffen. Das liegt nicht an der Schreibweise – niederdeutsch heißt die Figur auch Dyl / Tyll Ulenspegel –, sondern an der Selbstverständlichkeit, mit der Damme Till Eulenspiegel als flämisch reklamiert. Die Erzählungen und Volksbücher über den Narren und Schalk, der sich dumm stellte, um die Mächtigen zu blamieren, sind im norddeutschen Raum seit 1510 belegt und wahrscheinlich auch die authentische Figur eines Till, geboren um 1300 in Kneitlingen bei Braunschweig. Sie waren schon damals ein Publikumserfolg.

Des Rätsels Lösung: Es gibt auch einen flämischen Eulenspiegel, und den hat der belgische Schriftsteller Charles De Coster (1827–1879) erschaffen. De Coster verlegte die Handlung kurzerhand nach Flandern, in den Achtzigjährigen Krieg, den Befreiungskampf der Flamen gegen die Spanier. Sein »Ulenspiegel« gilt heute als Beginn der modernen französischsprachigen Literatur Belgiens. Das Epos mit den »heroischen, ergötzlichen und ruhmreichen Abenteuern« von Till, seiner Geliebten Nele und Lamme Goedzak spielt in Damme, also gibt es hier in Westflandern heute ein ihm gewidmetes Museum, Denkmäler, Kneipen und vieles mehr mit dem Namen Ulenspiegel. Der flämische Till ist weniger Narr als vielmehr Held des Befreiungskriegs. Das Museum präsentiert die interessanten Geschichten in Bildern und Comics und dazu die angebliche Grabplatte des Ulenspiegel.

Wer immer der Autor der Ursprungsfassung gewesen sein mag – klar ist das nicht –, De Costers Variante hätte ihm wahrscheinlich ebenso gefallen wie Daniel Kehlmanns Roman, der seinen »Tyll« (2017) in den Dreißigjährigen Krieg verlegt hat. De Coster, der auch eine Literaturzeitschrift namens »Uylenspiegel« gründete, hat den Erfolg seines Werks bei Kritik und Publikum nicht erlebt. Er starb bereits 14 Jahre zuvor völlig verarmt in Brüssel-Ixelles.

Adresse Jacob van Maerlantstraat 3, 8340 Damme, www.visitdamme.be | ÖPNV Bus 43, Haltestelle Damme Centrum; Bus 98, Haltestelle Pottenbakkerstraat | Öffnungszeiten April – Sept. Mo – Fr 9.30 – 12 und 13 – 18 Uhr, Sa, So 13 – 18 Uhr, Okt. – März Mo – Fr 9.30 – 12 und 14 – 17 Uhr, Sa, So 14 – 17 Uhr | Tipp Am Ortseingang von Damme zeigt eine Mauer in der Speystraat ein Eulenspiegel-Denkmal, ein weiteres findet sich am Kerkplein. Zwischen Brügge und Damme verkehrt der Raddampfer »Lamme Goedzak«.

104_Die Verlassene

Sint-Godelieve ist seit 2013 außer Dienst

Die Äbtissin und die letzten sechs Schwestern verließen das Benediktinerinnenkloster Sint-Godelieve 2013, um fortan im Stammhaus »Ten Putte« bei Gistel ein frommes Leben zu führen. Das Areal von 11.000 Quadratmetern mit eigener Kapelle und dem riesigen Garten war schlicht zu groß geworden für die betagten Nonnen. Damit endete die 400-jährige Geschichte des Brügger Klosters.

Das Gebäude ist renovierungsbedürftig, vor allem einige Holzböden, im Prinzip aber intakt. Die Klostergänge, der Blumengarten im Innenhof, die Arbeitsräume, die Orgel der Kapelle, die spartanischen Zimmer und Waschräume und die wunderbare, riesige Küche, das alles ist zumindest in ordentlichem Zustand, wäre unmittelbar benutzbar. Ebendas macht den Charme des Ortes aus: Man wird beim Betreten um 100 Jahre zurückversetzt, ohne im Museum zu sein, als wäre wie im Märchen die Zeit angehalten worden. Es steht zu hoffen, dass der Charme bei der derzeitigen Renovierung nicht verloren geht oder der riesige Garten parzelliert wird.

2015 ging das Kloster Sint-Godelieve in Erbpacht an die Stadt Brügge, sechs Jahre später an das flämische Tourismusbüro. 2022 wurde mit Arbeiten begonnen und ein Dokumentarfilm erstellt. Noch wird nach einer neuen Nutzung gesucht, klar ist nur, dass Besuchern die Möglichkeit geboten werden soll, Einblick in vergangenes Klosterleben zu erhalten.

Die Legende sagt, das Kloster »Ten Putte« sei bereits kurz nach der Ermordung von Godelieve und ihrer Heiligsprechung (1084) an der Stelle gegründet worden, an der die wohltätige Frau in einen Tümpel geworfen wurde. 1578 überfielen Waldbettler, arme Bauern, Calvinisten und antispanische Revolutionäre die Abtei und plünderten sie. Die Nonnen flohen nach Brügge, wo sie 1623 ein Herrenhaus an der Boeveriestraat mit dem Namen »Het Fontainken« (die Quelle) samt Bauernhof und Ländereien kauften. Hier lebten sie dann für knapp 400 Jahre.

Adresse Boeveriestraat 45–47, 8000 Brügge, www.detuinvanheden.be | **ÖPNV** Bus alle Linien, Haltestelle 't Zand | **Öffnungszeiten** derzeit nur nach telefonischer Vereinbarung zu besichtigen | **Tipp** Bei der Neugestaltung des Platzes 't Zand entstand 2018 ein tiefergelegtes, von Backsteinmauern umschlossenes Plätzchen, das wie ein Mini-Amphitheater wirkt. Man kann herrlich entspannen und zusehen, wie der Kapucijnenrei im Untergrund verschwindet, oder die Wandmalerei »4 Brugse Zotten« von Stan Slabbinck betrachten.

105 Die Vette Vispoort

Das Armenhaus auf dem Kanal

Der Eingang ins malerische Armenhaus »Vette Vispoort« (Fettes Fischtor) mit seiner privilegierten Lage ist kaum zu erkennen. Ein unscheinbares grünes Holztor in der Moerstraat 18, meist nur in der unteren Hälfte geöffnet, liefert keinen Hinweis darauf, was sich dahinter verbirgt. Das Gros der Passanten dürfte es für eine Garagenausfahrt halten. Dabei liegt die »Vette Vispoort« direkt gegenüber der Sakristei der Sint-Jakobskerk. Hinter dem Holztor führt eine schmale kopfsteingepflasterte Gasse direkt zum Speelmansrei. Nur Einheimische wissen, dass hinter den Gebäuden auf der Moerstraat der Kanal verläuft. Zu sehen ist das nicht oder, um genauer zu sein, nur aus den Gärten und rückwärtigen Fenstern der Häuser. Und aus dem Haus »Vette Vispoort«.

Joris Fierens und seine Frau Maria Van Leeuwerghem stifteten 1434 der Armentafel der Sint-Jakobskerk ein sogenanntes Gotteshaus, vier Minihäuser für arme Witwen. Das lag damals in der Klaverstraat, nahe der Ezelpoort, rund einen Kilometer entfernt. Um 1600 stellten die Verwalter fest, dass die Häuser baufällig wurden, und 1618 verlegten sie die Anlage deshalb an ihre heutige Adresse, in die Nachbarschaft der Kirche.

Ein Blechschild an der Brandmauer hinter dem Tor besagt, dass Fahr- und Motorräder verboten seien. Die Gasse wäre ohnehin nicht breit genug. Sie führt leicht abwärts zum Kanal und, wäre am Ende keine halbhohe Mauer, auch direkt hinein. Bevor vor 400 Jahren die Wohnstätte der Witwen hierher verlegt wurde, dürfte sich anstelle der Mauer eine Treppe mit Gerüst oder kleinem Kai zum Entladen von Fracht befunden haben. Rechts der Gasse auf einem L-förmigen Grundstück liegen die vier weißen, blumengeschmückten Häuser. Das ist so schön, dass Betrachter schnell übersehen, wie klein die Wohnungen darin sein müssen. Die Aussicht auf den Kanal ersetzt dafür jedes Gemälde. Die denkmalgeschützte Anlage ist bewohnt. Besucher sollten Rücksicht nehmen.

Adresse Moerstraat 8–16 (Eingang Nr. 18), 8000 Brügge | ÖPNV Bus 3, 13, Haltestelle Sint-Jakobskerk | Öffnungszeiten Mo–So 8–20 Uhr | Tipp Das älteste erhaltene Armenhaus Brügges ist das »Rooms Convent« aus dem Jahr 1330 in der Katelijnestraat 13. Es folgten 1335 »Hertsberghe« (Katelijnestraat 85) und 1353 »Sint-Joos« (Ezelstraat 83). Zum Maulbeerbaum im Garten des letzteren gelangt man durch den Eingang zwischen orthodoxer und ökumenischer Kapelle.

106 Das Vlissinghe

Ein Gasthaus mit Tradition

Auf einer Liste der weltweit ältesten Unternehmen, die seit ihrer Gründung durchgehend in Betrieb geblieben sind, dürfte das »Café Vlissinghe« im vorderen Drittel liegen. Man schrieb das Jahr 1515, als in der Blekerstraat in zwei zu diesem Zweck zusammengelegten, also noch älteren Häusern ein Lokal mit Restaurationsbetrieb eröffnet wurde. Das »Vlissinghe« ist eine echte Institution. Neben dem Kamin hängt ein Bild, das den ersten Wirt und seine Frau zeigen soll. Womöglich stammte dieser Mann namens Teunis – niederländisch für Antonius – aus Vlissingen. Über dem Hauseingang befindet sich jedenfalls eine Ansicht der Stadt an der niederländischen Scheldemündung, was diesen Schluss nahelegt. Möglich ist aber ebenso, dass der Name sich vom Wort *flessche* für Teich ableitet. Natürlich wurde das Estaminet im Lauf der Jahre umgebaut, die mittelalterliche Holzfassade durch Backsteine ersetzt, der Tresen umgesetzt und vieles mehr, aber das »Vlissinghe« behielt immer seinen Namen.

Unvorstellbar für echte *Brugse*, das Gasthaus nicht mehrmals im Jahr zu besuchen, vor allem im Winter. Dabei ist auch die Sommerterrasse im Hof hinter dem Haus mit eigener Boulebahn charmant. Man kann hier herrlich Zeit vertrödeln, wenn man nicht gerade durch touristisches Programm unter Druck steht. An der weißen Mauer schräg gegenüber dem Eingang verblasst der Schriftzug »Jupiler Bleeker«, eine Erinnerung an die ehemalige Brauerei im Quartier. 1855 kaufte Jacques De Meulemeester, Besitzer der benachbarten Brauerei »De Arend«, das Café. Sein Sohn Leon rekonstruierte das »Vlissinghe« mit wuchtigem schwarzem Marmorkamin im Schankraum. Die »altflämische« Inneneinrichtung war bereits damals die Rekonstruktion älterer Möbel. Seitdem ist das Interieur im Wesentlichen unverändert geblieben. Besonders augenfällig wird das im ehemaligen Besprechungsraum, der als Miniaturmuseum authentisch erhalten wurde.

Adresse Blekerstraat 2, 8000 Brügge, Tel. +32 (0)50/343737, www.cafevlissinghe.be | ÖPNV Bus 4, 5, 7, 9, 14, 15, 17, 25, 90, Haltestelle Koningsbrug | Öffnungszeiten Mi–Sa 11–20.30 Uhr, So 11–19 Uhr, Mo, Di Ruhetag | Tipp Das nette Restaurant »Cezar« (Ecke Jeruzalem-/Carmersstraat) bietet flämische Haumannskost wie bei Oma. Das »Café Terrastje« ist unter Brüggern nicht allein wegen der Terrasse beliebt, man schätzt auch die unkonventionellen Öffnungszeiten.

107 Der Wandelgang

Die Koninklijke Gaanderijen am Strand von Oostende

Die knapp 70 Kilometer der belgischen Nordseeküste sind de facto ein durchgehender Strand mit reichlich Platz für jede erdenkliche Aktivität. Um die Ortschaften an der Küste schön zu finden, muss man allerdings ausgewiesener Fan der Brutalismus-Architektur der frühen 1960er sein. Zu den wenigen Lichtblicken gehören die Koninklijke Gaanderijen in Oostende, von 1902 bis 1906 im Auftrag von König Leopold II. errichtet nach Plänen des französischen Architekten Charles Girault (1851–1932), der auch das Afrikamuseum in Brüssel-Tervuren und das Petit Palais in Paris entworfen hat.

Der 381 Meter lange, neoklassizistische Arkadengang direkt am Strand ist beidseitig begehbar, setzt sich aus 77 Bögen mit je zwei Säulen zusammen und hat ehedem das Königliche Chalet mit der Wellington-Pferderennbahn verbunden. So war es König und Gästen möglich, trockenen Fußes zur Stätte ihrer Freizeitgestaltung zu gelangen. Wenngleich nicht eben gut renoviert, ist es ein imposanter Bau, der an römisch-imperiale Vorbilder erinnern soll, so der Architekt. Diesen Eindruck gewinnt man vor allem, wenn man bei Ebbe ins Watt hinausgeht und den Wandelgang in seiner ganzen Länge überblickt. Es scheint, als bilde er mit dem dahinterstehenden, ebenfalls neoklassizistischen Hotel »Palais des Thermes« aus den frühen 1930er Jahren eine Einheit. Im Ersten Weltkrieg wurden die schmiedeeisernen Tore zwischen den Säulenpaaren entfernt und zu Munition eingeschmolzen.

Vor dem Doppeltor am nördlichen Ende der Galerie steht ein Reiterstandbild von Leopold II. Von rechts recken sich ihm die Nordseefischer entgegen, links bezeugt das kongolesische Volk dem König seine angebliche Dankbarkeit. Leopold II. war Gründer und alleiniger Besitzer des Kongo-Freistaats. Seine Herrschaft gilt als unfassbar grausam, selbst unter Kolonialregimen. Nach einem TV-Bericht über die Gräuel wurde 2004 eine Figur abgesägt.

Adresse Koning Boudewijnpromenade 214, 8400 Oostende | ÖPNV Kusttram 0, Haltestelle Renbaan oder Koninginnelaan | Tipp Im japanischen Garten hinter dem Leopold-Denkmal stand bis zu seiner Zerstörung im Zweiten Weltkrieg das Königliche Chalet. Die aktuelle Villa ist ein Neubau. An das Denkmal schließen die Venezianischen Galerien an, heute Ausstellungsraum. Früher befanden sich hier Austernbecken.

108 Der Wasserturm

Oud Waterhuis ist Filmkulisse und Verteilzentrum

Der Wasserturm, genannt »Oud Waterhuis«, steht halb versteckt unter Bäumen im Südwesten des parkartigen Ringwalls um die Altstadt auf Höhe der Hendrik Consciencelaan 27. Ein kleines Schild erklärt die Funktion des Turms. Allein, es ist kaum zu finden. Vom Parkweg aus wirkt der Turm überhaupt eher wie ein Haus, da er teils in den Hang gebaut ist. Erst von der Straße aus sieht man, dass es sich um einen Turm handelt, den dann wiederum manche Passanten als Filmkulisse erkennen. In der BBC-Serie »The White Queen« war er als Jagdlodge zu sehen.

Bereits im 13. Jahrhundert verfügte Brügge über ein ausgeklügeltes System der Wasserverteilung, ein zentraler Faktor für den Aufstieg zur Handelsmetropole und kompliziert in der geografisch flachen Region. Ein Netz aus unterirdischen Bleirohren versorgte öffentliche Brunnen, Klöster und Betriebe, gespeist aus Becken beim heutigen »Oud Waterhuis«. Dort schöpfte ein von Pferden angetriebenes Schaufelrad mit Eimerkette das Wasser. Erhalten geblieben ist ein Vertrag aus dem Jahr 1394, der zwei Personen verpflichtet, »Maschine und Reservoir, die sich in einem Steinhaus befinden, zu warten, zu pflegen und zu restaurieren«.

Mitte des 18. Jahrhunderts wurde das 400 Jahre zuvor errichtete Wasserhaus zum Teil ersetzt. Das »neue« befindet sich genau gegenüber, auf der anderen Seite des Kanals. Verträge aus dieser Zeit belegen, dass neue Schaufelräder und Pumpen in Betrieb genommen beziehungsweise durch hydraulische Systeme ersetzt wurden, während die Reservoire im alten Gebäude, also dem »Oud Waterhuis«, weiter in Funktion blieben. Erst weitere 100 Jahre später sollte Brügge ein moderneres Wassersystem benötigen. Das Oud Waterhuis wurde 1993–1995 restauriert. Die Reste des alten Wasserverteilsystems – Tanks und Rohre – blieben erhalten und im Eigentum der Stadt. Ein sogenanntes Poncelet-Wasserrad und eine Vakuumpumpe wären einsatzbereit.

Adresse Hendrik Consciencelaan 27, 8000 Brügge | ÖPNV Bus alle Linien, Haltestelle 't Zand | Tipp Weitere Drehorte in Brügge für die populäre TV-Serie »The White Queen« waren unter anderem der Hof des Gruuthuse-Museums, der gotische Saal im Rathaus, der Arentshof und die Holzbrücke am Potterierei.

109 Die Zehntscheune

Der monumentale Rest des Klosters Ter Doest

»Ter Doest« wurde 1106 als benediktinisches Kloster bei Lissewege gegründet, dann 1174 vom Bischof von Tournai, damals Oberhaupt der Kirche von Flandern, den Zisterziensern der Dünen-Abtei in Koksijde unterstellt. Im Achtzigjährigen Krieg, in dem die Republik der Vereinigten Niederlande um die Unabhängigkeit von der spanischen Krone kämpfte, wurden das Kloster und die riesige Abteikirche 1571 von aufständischen Calvinisten geschleift. Die achteckige Kapelle, die am Beginn der Zufahrt des Geländes steht, stammt, wie auch Tor-, Wohn- und Kutschenhaus sowie die Wirtschaftsgebäude, aus der Blütezeit des Klosters.

Wie enorm reich die Zisterzienser von »Ter Doest« dereinst gewesen sein müssen, lässt sich am ehesten an den gewaltigen Maßen der gotischen Scheune ermessen, die den Hof dominiert. Sie ist über 50 Meter lang, 24 Meter breit, am Giebel 31 Meter hoch. Sie fasste die Ernte von 40 Hektar Getreide, der Zehnt, den die Polderbauern zu entrichten hatten. Und die imposante Scheune aus dem Jahr 1275 war seinerzeit nicht die einzige von »Ter Doest«. Geht man hinein, nimmt man die gewaltigen Dimensionen erst recht wahr. Die Höhe der Wände beträgt über neun Meter, zwei Reihen von je zehn Eichensäulen stützen den Dachstuhl, ebenfalls komplett aus Eiche. Die Dachkonstruktion ist nicht »original«, sondern später auf die bestehende Scheune aufgesetzt worden. Bis 1711 war die Scheune obendrein wohl strohgedeckt. Bei der letzten Restaurierung (2000) ließ man das Dach dendrochronologisch untersuchen. Die Baumringanalyse ergab, dass die schweren Balken aus dem späten 14. Jahrhundert stammen. Zudem lassen Einträge in alten Kirchenbüchern, der Baustil und neue Erkenntnisse über Ziegelformate darauf schließen, dass das Mauerwerk der Scheune sogar noch älter als 1275 sein muss. Ein monumentales Bauwerk, das sowohl von großem Reichtum als auch besonderen handwerklichen Fähigkeiten zeugt.

Adresse Ter Doeststraat 4, 8380 Brügge, Tel. +32 (0)50/544082 | ÖPNV Bahn Linien L/P, Haltestelle Lissewege, von dort 2 Kilometer zu Fuß | Öffnungszeiten die Scheune ist jederzeit zugänglich | Tipp »Ter Doest« ist heute ein kleines Hotel nebst bekanntem Restaurant. Die Spezialität: »Surf'n'Turf«, der Mix von Meeresfrüchten und Fleisch. Dazu viel Kunst open-air vor der Scheune.

110 Der Zentralfriedhof

Der älteste Friedhof Belgiens und Pirat Piet

»Aufgeklärter Absolutismus«, so nannte sich das Herrschaftssystem von Kaiser Joseph II. von Österreich (1741–1790). Der Habsburger war Hauptrepräsentant der katholischen Aufklärung und der Gegenreformation unter der Devise »Alles für das Volk, nichts durch das Volk«. Zu seinen gesellschaftspolitischen Reformen gehörte auch das Edikt von 1784, das vorschrieb, innerstädtische Friedhöfe neben den Kirchen aus hygienischen Gründen zu verbieten und sie außerhalb der Stadtmauern anzusiedeln. Flandern war Teil des Habsburgerreichs, und Brügge gehörte zu den ersten Städten, die die Order des Kaisers umsetzten.

Der Stadtrat kaufte ein Grundstück in Assebroek, auf dem der erste Zentralfriedhof Belgiens entstand. 1787 fand die erste Bestattung statt, und ab 1810 wurden hier ausnahmslos alle Bürger der Stadt beerdigt. Das heißt, es gab keine konfessionelle Bindung, allerdings eigene Bereiche für Nichtkatholiken. 1841 war die erste Erweiterung nötig, weitere folgten. Neben imposanten Grabdenkmälern für wichtige Persönlichkeiten der Stadtgeschichte gibt es Abteilungen mit sehr schlichten Gräbern für religiöse Orden oder die Kriegstoten aus dem Ersten Weltkrieg, auch deutsche Soldaten.

Assebroek ist ein Landschaftsfriedhof mit altem Baumbestand. Vom Haupteingang, der einem Bauernhaus in den Poldern ähnelt, führt eine Rotbuchenallee zu Kalvarienberg und Kapelle. Seit 1983 wird alte Grabkunst im Lapidarium ausgestellt.

Und dann gibt es da ein ganz spezielles Grab, das vorwiegend jüngere Leute aufsuchen, weil es in den sozialen Medien als die Hauptattraktion gehypt wird: das des Kaufmanns Antoine Michel Wemaer, genannt »Piraat Piet«. Es präsentiert auf einem steinernen Kissen einen Totenschädel auf gekreuzten Knochen. Das Memento mori erinnert an die Piratenflagge, und so hält sich hartnäckig das Gerücht, Wemaer sei heimlich Pirat gewesen. Das Grab ist nicht leicht zu finden. Er liegt im ältesten Teil in Reihe 7.

Adresse Kleine Kerkhofstraat 60, 8310 Brügge, Tel. +32 (0)50/355410 | ÖPNV Bus 2, Haltestelle Assebroek-Odegem | Öffnungszeiten 16. Okt.–31. März Mo–So 8–17 Uhr, sonst bis 18 Uhr | Tipp Am Canadaring 41 liegt ein Bauernhof aus dem 14. Jahrhundert, heute Kinderspielplatz und Streichelzoo. Den Namen »Zeven Torentjes« verdankt er seinem Taubenturm. Dessen Backsteinspitze wird von acht (nicht sieben) Ecktürmen gekrönt.

111 Das Zwin

Naturschutzgebiet und verlorener Hafen

Das Zwin hat die Geschicke Brügges bestimmt, seinen Aufstieg ermöglicht und wieder beendet. 1134 brach eine gewaltige Sturmflut die Küste auf und schuf so Brügges direkten Zugang zum Meer. Schiffe segelten fortan mitten in die Stadt. Die *Oosterlingen*, deutsche Kaufleute aus dem Osten, eröffneten ihr Hansekontor. Englisches Tuch wurden gehandelt und Pelze aus Russland, flandrische Gobelins und italienische Gewürze. Genua, Florenz und Venedig unterhielten Kontore, die Spanier residierten am Spaanse Loskaai, und im Haus der flämischen Familie Van der Beurze wurden Optionen gehandelt. Der Name ist geblieben, die erste Börse war gegründet. Das Meer hat's gegeben, das Meer hat's genommen. Ende des 15. Jahrhunderts versandete das Zwin, Brügge war wieder von der Nordsee abgeschnitten und fiel für 400 Jahre in einen Dornröschenschlaf.

Geblieben ist die Watt- und Dünenlandschaft, direkt auf der belgisch-niederländischen Grenze, seit 1952 Naturpark und entstanden auf Privatinitiative des Grafen Léon Lippens. Heute wird der Park staatlich betrieben und nennt sich »internationaler Flughafen für Vögel«. Im Frühjahr kommen Störche, um zu brüten. Wenn im Juli die Jungstörche flügge werden, treffen Reiher, Löffler und Säbelschnäbler ein, im Herbst Falken und Fischadler. Der Park verfügt über mehrere Erklär-Stationen. Man kann beim Beringen dabei sein oder mit fest installierten Ferngläsern aus überdachten Hütten die Vogelkolonien beobachten. Das interaktive Museum ist nicht nur für Kinder spannend. Besucher sind aufgefordert, virtuell Eier auszubrüten, das Fliegen unterschiedlicher Vogelarten zu simulieren und mit Zugvögeln zu reisen. Ein lehrreicher Spaß und ein Abenteuer.

Und dann sind da die VR-Stationen: die verlorenen Zwinhäfen. Via Virtual-Reality-Brillen geht man rückwärts in der Zeit und erlebt die Sturmflut 1134 und die Jahre des Brügger Reichtums ebenso wie das Versanden des Zwin.

Adresse Graaf Leon Lippensdreef 8, 8300 Knokke-Heist, www.zwin.be | **ÖPNV** Kusttram Linie 0, Haltestelle Knokke Oosthoekplein, von dort 3 Kilometer zu Fuß | **Öffnungszeiten** April–Sep. Di–So 10–18 Uhr, Juli, Aug. auch Mo geöffnet, Okt.–März Mi–So 10–17 Uhr | **Tipp** Die bei Weitem schönste und beste Anreise erfolgt per Rad. Am Kanal Damse Vaart entlang sind das ab Brügge 16 Kilometer pro Strecke.

1

Wenduine
72
4
De Haan
Vlissegem
Klemskerke
Bredene
59
107
OOSTENDE
Stene
3
Stalhille
N377
Kanaal Gent Oostende
A10
E40
Oudenburg
Ettelgem
Jabb
Leffinge
A18
E40
Westkerke
87
Gistel
Slijpe
N
0
1 km

2
111
Graf Leon Lippensdreef
63
Knokke-Heist
60
Heist-aan-Zee
28
81
42
101
Zeebrugge
N49
78
76
75
Blankenberge
Westkapelle
Ramskapelle
N31
13
43
25
Lissewege
N371
A11
109
Oostkerke
Lapscheure
Dudzele
Zuienkerke
Boudewijnkanaal
Kanaal Damse-Vaart
103
Damme
Moerkerke
Koolkerke
Meetkerke
82
21
Vivenkapelle
55
3
Sint-Pieters
4
Sint-Kruis
BRÜGGE
Sijsele
Sint-Andries
Assebroek
110
49
57
Sint-Michiels
99
93
Snellegem
E40
A10
Oedelem
Loppem
Oostkamp
Beernem

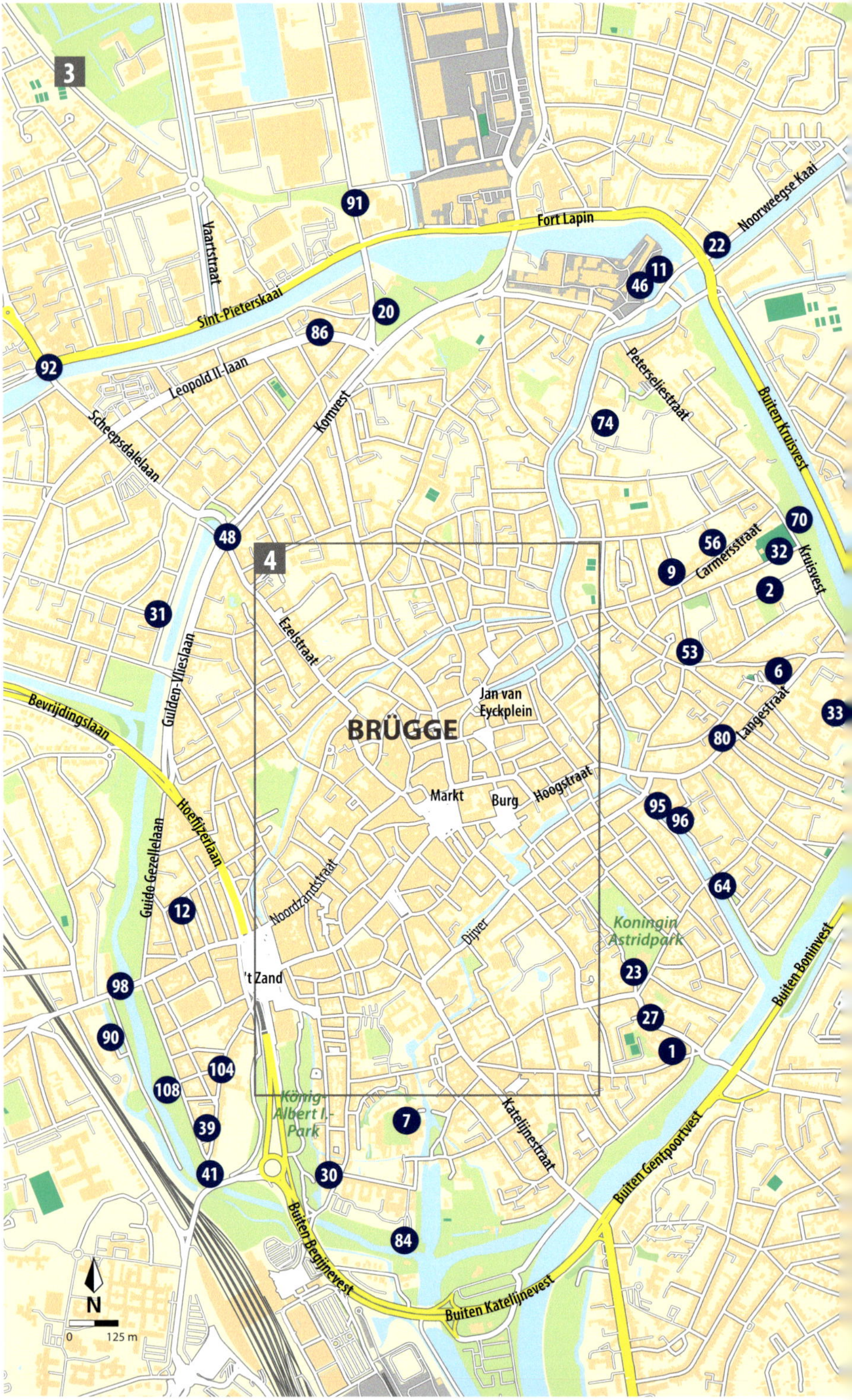
3
4
BRÜGGE
Fort Lapin
Noorweegse Kaai
Vaartstraat
Sint-Pieterskaai
Leopold II-laan
Komvest
Scheepsdalelaan
Peterseliestraat
Buiten Kruisvest
Carmersstraat
Kruisvest
Ezelstraat
Jan van Eyckplein
Langestraat
Bevrijdingslaan
Gulden-Vlieslaan
Markt
Burg
Hoogstraat
Hoefijzerlaan
Guido Gezellelaan
Noordzandstraat
Dijver
Koningin Astridpark
Buiten Boninvest
't Zand
König-Albert I.-Park
Katelijnestraat
Buiten Gentpoortvest
Buiten Begijnevest
Buiten Katelijnevest
N
0
125 m
91
22
11
46
20
86
92
74
70
56
32
9
2
48
31
53
6
33
80
95
96
64
12
23
98
27
1
90
104
108
39
7
41
30
84

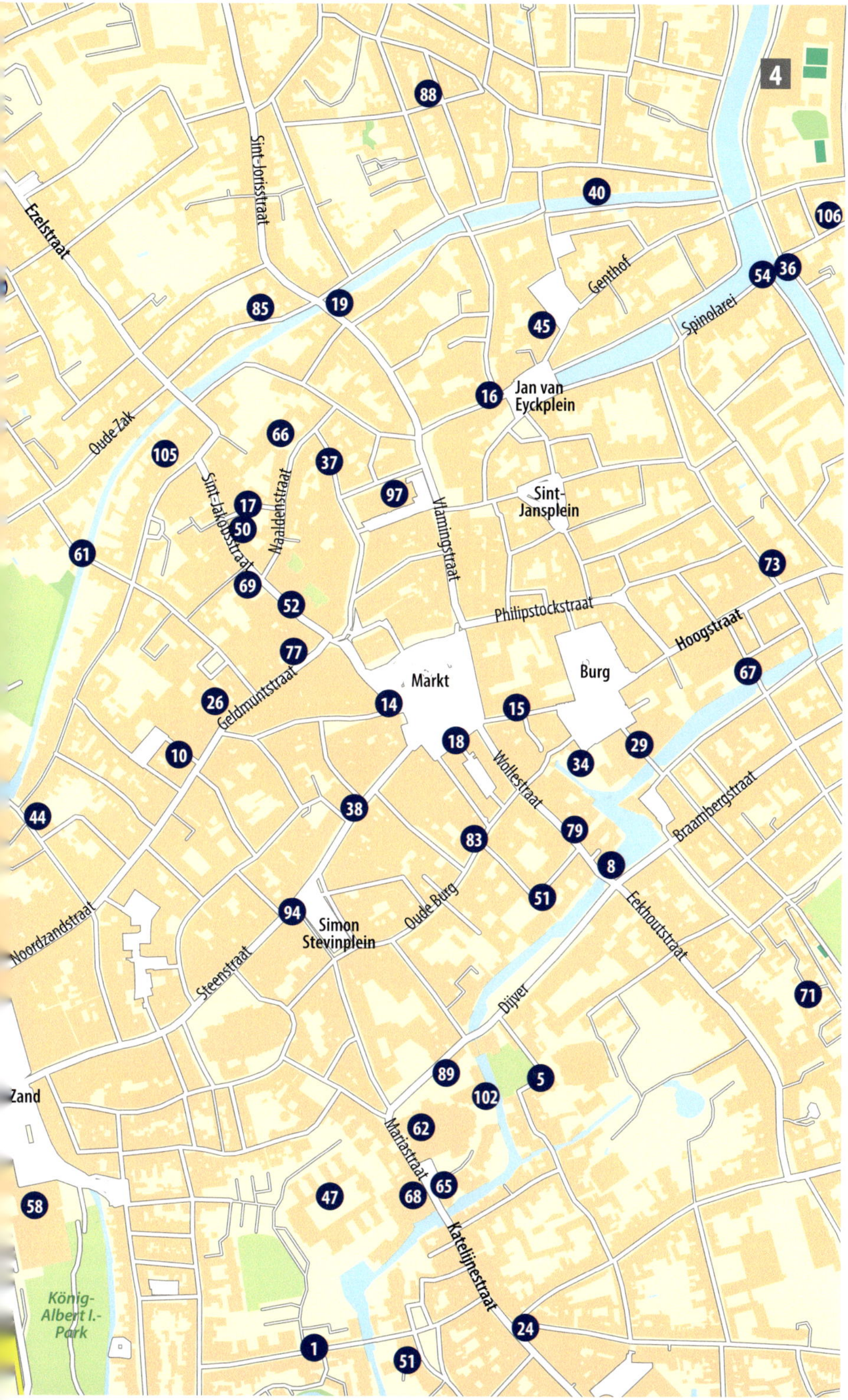
4
Ezelstraat
Sint-Jorisstraat
Genthof
Spinolarei
Jan van Eyckplein
Oude Zak
Sint-Jakobsstraat
Naaldenstraat
Vlamingstraat
Sint-Jansplein
Philipstockstraat
Hoogstraat
Markt
Burg
Geldmuntstraat
Wollestraat
Braambergstraat
Eekhoutstraat
Oude Burg
Simon Stevinplein
Noordzandstraat
Steenstraat
Dijver
Zand
Mariastraat
Katelijnestraat
König-Albert I.-Park
88
40
106
54
36
85
19
45
16
66
105
37
97
17
50
61
69
52
73
77
67
26
14
15
18
29
10
34
38
44
83
79
8
51
94
71
89
5
102
62
65
68
47
58
24
1
51

Kay Walter, Rüdiger Liedtke
111 Orte in Brüssel, die man gesehen haben muss
ISBN 978-3-7408-0128-1

Alexander Barth
111 Orte in Lüttich, die man gesehen haben muss
ISBN 978-3-95451-925-5

Martin Roos
111 Orte in Zeeland, die man gesehen haben muss
ISBN 978-3-7408-1602-5

Thomas Fuchs
111 Orte in Nordholland, die man gesehen haben muss
ISBN 978-3-7408-0553-1

Thomas Fuchs
111 Orte in Amsterdam, die man gesehen haben muss
ISBN 978-3-95451-209-6

Eckhard Heck
111 Orte in Maastricht, die man gesehen haben muss
ISBN 978-3-95451-368-0

Ralf Nestmeyer
111 Orte an der Côte d'Azur, die man gesehen haben muss
ISBN 978-3-7408-2020-6

Ralf Nestmeyer
111 Orte in der Provence, die man gesehen haben muss
ISBN 978-3-7408-1960-6

Marcus X. Schmid
111 Orte in der Bretagne, die man gesehen haben muss
ISBN 978-3-7408-1880-7

Andreas Drouve
111 Orte am Jakobsweg, die man gesehen haben muss
ISBN 978-3-7408-1092-4

Marcus X. Schmid
111 Orte im Herzen des Jura, die man gesehen haben muss
ISBN 978-3-7408-1364-2

Kay Walter
111 Orte am Canal du Midi, die man gesehen haben muss
ISBN 978-3-7408-1086-3

Hilke Maunder
111 Orte in Toulouse, die man gesehen haben muss
ISBN 978-3-7408-1091-7

Martin Roos,
Jean-Claude Bourgueil
111 Orte in der Champagne, die man gesehen haben muss
ISBN 978-3-7408-1084-9

Kay Walter
111 Bauwerke in Paris, die uns Geschichte erzählen
ISBN 978-3-7408-0691-0

Jo Berlien
111 Orte in Straßburg, die man gesehen haben muss
ISBN 978-3-7408-0576-0

Evelyn Pschak
111 Orte in den Pyrenäen, die man gesehen haben muss
ISBN 978-3-7408-0562-3

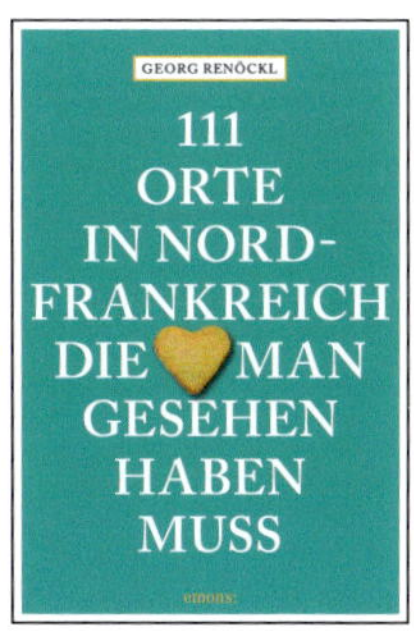

Georg Renöckl
111 Orte in Nordfrankreich, die man gesehen haben muss
ISBN 978-3-7408-0559-3

Sybil Canac, Renée Grimaud, Katia Thomas
111 Orte in Paris, die man gesehen haben muss
ISBN 978-3-95451-847-0

Barbara Krull
111 Orte im Elsass, die man gesehen haben muss
ISBN 978-3-95451-596-7

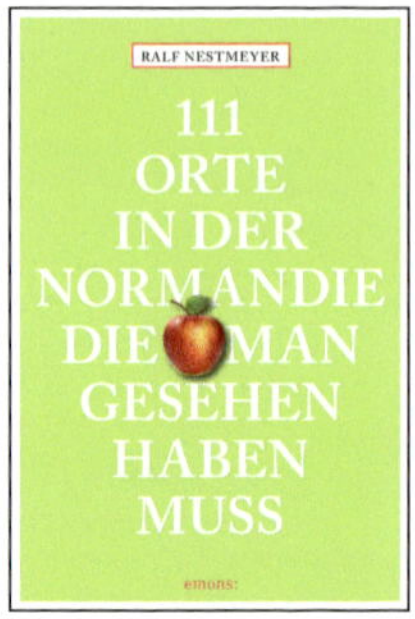

Ralf Nestmeyer
111 Orte in der Normandie, die man gesehen haben muss
ISBN 978-3-95451-839-5

Joscha Remus
111 Orte in Luxemburg, die man gesehen haben muss
ISBN 978-3-7408-0363-6

John Sykes
111 Orte in London, die man gesehen haben muss
ISBN 978-3-7408-0970-6

Kirstin von Glasow
111 Gärten in London, die man gesehen haben muss
ISBN 978-3-7408-0141-0

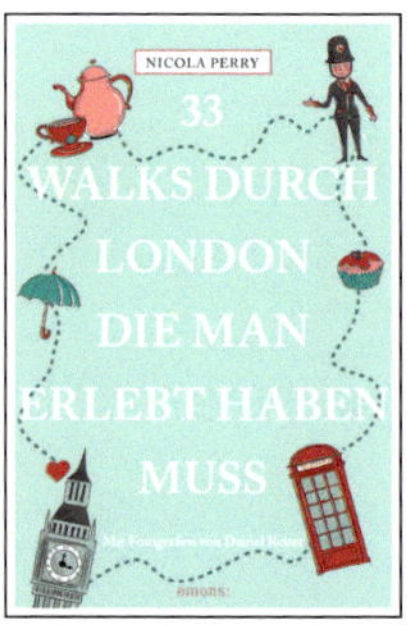

Nicola Perry
33 Walks durch London, die man erlebt haben muss
ISBN 978-3-7408-0136-6

Gillian Tait
111 Orte in Edinburgh, die man gesehen haben muss
ISBN 978-3-7408-0476-3

Tom Shields
111 Orte in Glasgow, die man gesehen haben muss
ISBN 978-3-7408-0386-5